UNE INJUSTICE ÉTYMOLOGIQUE

JEUNESSE, INCARCÉRATION ET RÉINSERTION SOCIALE

WOODGER FAUGAS

CITADEL PRESS
ACADEMIC PUBLISHING

Publié aux États-Unis, par Citadel Press Academic Publishing.

Faugas, Woodger
Une injustice étymologique

Hardcover ISBN	979-8-9875566-2-7
E-book ISBN	979-8-9875566-8-9
Paperback ISBN	979-8-9875566-4-1
DOI	10.6084/m9.figshare.23381267

https://doi.org/10.6084/m9.figshare.23381267

https://bookmetahub.scienceopen.com/hosted-document?doi=10.6084/m9.figshare.23381267

PRINTED IN THE UNITED STATES OF AMERICA / IMPRIMÉ AUX ÉTATS-UNIS D'AMÉRIQUE

Première édition : mai 2023

À Amy Faugas,
mon *poto mitan*, et voyageuse de l'année 2012
du National Geographic, dont les plus de 8 000
kilomètres parcourus à pied
à travers l'Afrique sont inégalables.

Cette page a été volontairement laissée vierge

TABLE DES MATIÈRES

Partie 2

Cette page a été volontairement laissée vierge

UNE INJUSTICE ÉTYMOLOGIQUE

JEUNESSE, INCARCÉRATION ET RÉINSERTION SOCIALE

W O O D G E R F A U G A S

Cette page a été volontairement laissée vierge

PRÉFACE

Ce travail de recherche s'adresse à un public spécifique en l'occurrence des personnes ayant une haute opinion de la justice raciale et des droits humains mais qui, pour des raisons diverses, ne saisissent pas encore la profondeur et la gravité des obstacles auxquels sont confrontés les jeunes rencontrant des difficultés sociophysiologiques, en particulier ceux qui ont été incarcérés. En réalisant cette étude, je m'adresse à tous ceux dont les besoins sanitaires et socio-économiques ont été relégués en marge de la société américaine en raison de ses limites. D'autres ont peut-être voulu vous laisser derrière, mais moi, et d'autres défenseurs, nous ne vous avons pas oubliés.

Cette étude s'attelle à réfuter l'idée selon laquelle il est impossible de réussir pour un jeune qui a été incarcéré. Bien que ces jeunes, en raison de leurs besoins spécifiques, puissent avoir des difficultés à se réadapter après une période de détention, les difficultés auxquelles ils sont confrontés peuvent être surmontées avec une orientation soutenue et appropriée. Il est donc essentiel d'encourager une intervention précoce où l'instruction et les services de soutien visent à renforcer les capacités existantes et à fournir les ressources nécessaires. Les parents, les tuteurs et les éducateurs doivent régulièrement reconnaître et célébrer les progrès que ces jeunes font, aussi petits soient-ils, dans leur chemin vers des réussites plus significatives. De nombreux jeunes avec des besoins spécifiques réussissent à naviguer dans la vie et à atteindre l'indépendance.

CHAPITRE I

INTRODUCTION

« Il ne peut y avoir de révélation plus vive de l'âme d'une société que la façon dont elle traite ses enfants. » (Pretoria, mai 1995) [146]

Nelson Mandela,
ancien président de l'Afrique du Sud

Deux ans après son entrée dans le Bureau ovale, l'ancien président des États-Unis, Barack Obama, a écrit la préface de *Conversations avec moi-même*, un recueil de textes et de discours de l'ancien président sud-africain Nelson Mandela. Dans cette partie de *Conversations*, Obama écrit qu'il n'avait connu Mandela, que « de loin »[147], bien que les deux hommes se fussent

[146] Stanley, Fiona. « Des paradigmes causaux de Susser à la justice sociale en Australie ». *International journal of epidemiology* 31, no. 1 (2002) : 40-45.

[147] Mandela, Nelson. *Conversations avec moi-même*. Anchor Canada, 2011.

déjà rencontrés, lorsque Obama occupait un poste de sénateur américain.

En ce qui concerne le séjour prolongé de Nelson Mandela dans une prison de l'Afrique du Sud de l'apartheid, Obama mentionne qu'il s'agissait d'un « sacrifice... si grand (c'est moi qui souligne) qu'il appelait les gens du monde entier à faire ce qu'ils pouvaient au nom du progrès humain ».[148] Obama explique comment, « de la plus modeste des manières », il a fait sien l'appel au sacrifice de Mandela et s'est engagé dans la politique en tant qu'organisateur communautaire.[149]

---

[148] *Ibid.* p. 11.

[149] C'est à l'âge de 44 ans que commença l'incursion pénitentiaire de Nelson Mandela, ou son voyage à travers les systèmes pénitentiaire et judiciaire d'Afrique du Sud. Il arriva à Robben Island, un complexe pénitentiaire situé sur une masse terrestre ovale à l'ouest de la côte du Cap, en Afrique du Sud. Mandela y passa dix-huit de ses vingt-sept années d'emprisonnement, sans lit et avec un seau comme urinoir et toilettes. Malgré son coût, la prison est devenue le creuset qui a transformé Mandela en la figure célèbre qu'il est devenu par la suite. Le futur président sud-africain est sorti de Robben Island en tant que leader exemplaire, capable de mener les difficiles batailles politiques qui ont donné naissance à une Afrique du Sud démocratique. Des années après avoir quitté la prison, dans son autobiographie intitulée *The Long Walk to Freedom* (« La longue marche vers la liberté »), Mandela a fait remarquer que « l'isolement était devenu une habitude » et que « les autorités pensaient que l'isolement était le remède à notre défiance et à notre rébellion ». Mandela, Nelson Rolihlahla. *La longue marche vers la liberté : L'autobiographie de Nelson Mandela*. No 92 M271-I. Londres, GB : Abacus, 1995 : 65.

Pour imiter humblement la démarche d'Obama, mais dans une veine largement académique, j'aborderai dans ce livre la question de l'incarcération et des expériences des jeunes qui y ont été confrontés. En m'appuyant sur les liens entre les structures sociétales et mes engagements passés auprès de personnes présentant des difficultés sociophysiologiques au sein d'une organisation de défense des droits appelée Access Living, et auprès de jeunes hommes et femmes afro-américains en tant que boursier Albert Schweitzer, je m'attaquerai à un ensemble de questions importantes. À ce jour, les responsables de l'incarcération n'ont fait que peu ou pas de progrès dans les différents déséquilibres qui existent au sein du système de délinquance juvénile. Les jeunes d'origine afro-américaine qui présentent des difficultés sociophysiologiques sont toujours susceptibles d'être piégés dans le maelström qu'est le système dit de « justice juvénile », détenu et géré par des Blancs.

En 1993, lors de la cérémonie de remise du prix Nobel de la paix à Oslo (Norvège), Mandela a déclaré que « les enfants sont les citoyens les plus vulnérables de toute société et le plus grand de nos trésors » tandis qu'il exprimait sa gratitude et ses réflexions sur certaines questions qu'il considérait alors comme importantes. Stanley, *op. cit.*, note 1. Après s'être inspiré de l'exemple d'Obama, cet article hérite de l'axe thématique de Mandela, dont le discours de 1993 faisait des enfants un de ses centres d'intérêt.

Cette page a été volontairement laissée vierge

CHAPITRE II

MÉTHODOLOGIE

A. Énoncé de la thèse

Ce travail vise à soutenir une position comprenant deux volets : (1) les États-Unis ne font pas assez pour répondre aux besoins des jeunes qui ont été incarcérés et qui cherchent à améliorer leur vie après la prison ; et (2) les décideurs américains doivent adopter et mettre en œuvre un certain nombre de mesures axées sur les solutions, ainsi que des réformes juridiques pour préparer les jeunes à devenir des membres adultes productifs de la société.

B. Énoncé du problème

i. Étendue numérique de la jeunesse touchée

Il s'agit de problèmes auxquels sont confrontés

deux groupes de jeunes, âgés de 10 à 24 ans[150]: ceux issus de toutes races et qui ont des difficultés sociophysiologiques, et les Afro-Américains. Les problèmes qui nous préoccupent ont trait aux inconvénients de l'incarcération et aux obstacles que rencontrent les jeunes lorsqu'ils tentent de se réinsérer dans la société après avoir purgé une peine pour des crimes graves et des délits d'état. Ces délits recouvrent une catégorie de méfaits non criminels, comprenant, sans s'y limiter, l'absentéisme scolaire, la consommation d'alcool par des mineurs, les comportements perturbateurs et d'autres transgressions légales s'appliquant uniquement aux mineurs.[151]

Les inconvénients de l'incarcération, tels que la diminution des revenus par rapport aux pairs qui n'ont jamais été incarcérés, et les avantages de la réinsertion, tels que l'évitement de la récidive, sont des questions qui méritent d'être étudiées, car elles touchent un grand nombre de vies. Selon les dernières données disponibles du Bureau du recensement des États-Unis, en 2015, il y avait environ 105 millions de jeunes âgés de 24

---

[150] Cette tranche d'âge est basée sur le spectre d'âge fixé par la partie B de l'*Individuals with Disabilities Education Act* (IDEA), qui donne aux enfants ayant des handicaps éligibles, âgés de 3 à 21 ans, le droit à une éducation publique gratuite et appropriée (FAPE).

[151] Rankin, Joseph H., et L. Edward Wells. « Du statut aux délits de délinquance : une escalade ? ». *Journal of Criminal Justic,e* 13, no. 2 (1985) : 171-180.

ans et moins aux États-Unis, ce qui représente environ un tiers (33 %) des Américains[152]. Parmi ces jeunes de 24 ans et moins, 64 470 546, soit environ 61,5 %, appartiennent à la tranche d'âge des 10 à 24 ans mentionnée ci-dessus. [153] Sur ces 64,47 millions de jeunes, entre 4 et 5,2 %, soit 2,5 à 3,3 millions, toutes races confondues, présentent un défi sociophysiologique. Et environ 16 %, soit 9 millions de ce nombre total de jeunes, sont Afro-Américains.[154]

D'après les conclusions tirées de la dernière année de données publiées par Child Trends, une organisation visant à améliorer la vie et les perspectives des jeunes, 410 900 jeunes étaient en prison en 2010. [155] Parmi ces jeunes

[152] U.S. Census Bureau. « Estimations annuelles de la population résidente pour certains groupes d'âge, par sexe, pour les États-Unis, les États, les comtés et le Commonwealth, et les municipalités de Porto Rico : du 1er avril 2010 au 1er juillet 2015 ». Division de la population, 2015. Consulté le 10 mai 2017. https://factfinder.census.gov/faces/tableservices/jsf/pages/productview.xhtml?src=bkmk.

[153] *Ibid.*

154 U.S. Census Bureau. « Estimations annuelles de la population résidente par sexe, âge, race et origine hispanique pour les États-Unis et les États : du 1er avril 2010 au 1er juillet 2015 » Division de la population, 2015. Consulté le 10 mai 2017. https://factfinder.census.gov/faces/tableservices/jsf/pages/productview.xhtml?src=bkmk.

[155] Child Trends. *Jeunes adultes emprisonnés ou en prison : Indicateurs du bien-être des enfants et des jeunes.* Child Trends

incarcérés, 70 % étaient confrontés à un défi sociophysiologique.[156] En matière de composition raciale, une part déséquilibrée d'Afro-Africains, au moins 31 %, composait l'ensemble des arrestations.[157] Cette différence s'étendait aux mineurs, qui faisaient l'objet d'un renvoi devant les tribunaux pour enfants, avec pour effet que davantage d'Afro-Américains se retrouvaient confrontés aux effets directs et indirects de l'incarcération.

Data Bank, 2012. Consulté le 10 mai 2017. https://www.childtrends.org/wp-content/uploads/2012/04/89_Young_Adults_In_Prison-1.pdf

[156] Quinn, Mary Magee, Robert B. Rutherford, Peter E. Leone, David M. Osher, et Jeffrey M. Poirier. « Les jeunes ayant des handicaps dans les prisons pour mineurs : Une enquête nationale ». *Enfants exceptionnels* 71, no. 3 (2005) : 339-345 citant Casey, Pamela, et Ingo Keilitz. « Estimation de la prévalence des délinquants juvéniles ayant des difficultés d'apprentissage et un retard mental : une méta-analyse ». *Comprendre les jeunes en difficulté et troublés* (1990) : 82-101 ; Murphy, Donna M. « La prévalence des conditions de handicap chez les jeunes délinquants ». *Enseignement correctif et spécial* 7, no. 3 (1986): 7-17 ; Rutherford Jr, Robert B., C. Michael Nelson, et Bruce I. Wolford. « L'éducation spéciale dans l'environnement le plus restrictif : une éducation correctionnelle/spéciale ». *The Journal of Special Education* 19, no 1 (1985): 59-71.

[157] The Sentencing Project. *Contact disproportionné des minorités dans le système de justice des mineurs.* Policy Brief, 2015. Consulté le 10 mai 2017. http://www.sentencingproject.org/wp-content/uploads/2015/11/Disproportionate-Minority-Contact-in-the-Juvenile-Justice-System.pdf

ii. Importance du problème

L'incarcération et la réinsertion des jeunes méritent que l'on s'y attarde, car si notre société laisse tomber les jeunes ayant des difficultés sociophysiologiques et les Afro-Américains, en leur refusant une chance de se racheter, nous risquons de perdre notre identité nationale et notre réputation mondiale de proverbiale « Terre de liberté et patrie des braves ».[158] Nos jeunes ne peuvent pas être « libres » s'ils sont définitivement endommagés pour avoir commis des erreurs pendant leur phase de maturation ; et nous ne pouvons pas, collectivement, être « courageux » si nous ne parvenons pas à réhabiliter ceux qui ont le plus besoin de nous : nos enfants. Comme Nelson Mandela le suggère dans sa citation, la façon dont nous traitons les problèmes soulevés ici nous révélera, en fin de compte, qui nous sommes en tant que nation.

Dans le cadre de la recherche dont j'exposerai les tenants et aboutissants ci-dessous, je résisterai au nouveau défi lancé aux chercheurs par Robert Sampson, professeur émérite de sciences sociales à l'Université de Harvard, consistant à évaluer le « grand livre social » de l'incarcération, en vertu duquel les avantages et

[158] Pour en savoir plus sur l'échec de l'Amérique à se montrer à la hauteur de sa proclamation en tant que « pays de la liberté et patrie des braves », voir Beal, Frances M., *Le manifeste des femmes noires, la double peine :* être *noire et femme*. New York : Third World Women's Alliance (1969).

les inconvénients liés à l'enfermement devraient faire l'objet d'une analyse équilibrée.[159] Je ne suis pas d'accord avec l'évaluation des mérites et la glorification de toute pratique qui nuirait à notre ressource la plus précieuse : les jeunes.

C. Questions de recherche

Les questions de recherche qui guident mon analyse sont les suivantes : (1) quels sont les besoins post-incarcération des jeunes ayant des difficultés sociophysiologiques et de ceux qui sont Afro-Américains ? (2) Quels obstacles ces jeunes rencontrent-ils dans leurs efforts de réintégration dans la société américaine ? (3) Comment ces obstacles peuvent-ils être largement surmontés ? (4) Quelles réformes juridiques spécifiques faciliteraient le dépassement des obstacles ?

---

[159] Sampson écrit que les nouvelles recherches concernant les effets de l'incarcération « devraient se tourner vers l'étude plus rigoureuse des effets hétérogènes de l'incarcération, qui tiennent compte des voies multiples et complexes par lesquelles l'incarcération transmet ses influences. » Par « effets hétérogènes », Sampson fait référence aux « coûts et avantages de l'incarcération. » Sampson, Robert J. « Le grand livre de l'incarcération ». *Criminologie et politiques publiques* 10, no. 3 (2011): 819-828.

Fondamentalement, je ne suis pas d'accord avec cet appel, étant donné que tout effet positif associé à l'incarcération pourrait être réalisé par d'autres moyens, potentiellement moins enclins à infliger des dommages à long terme à des personnes ayant toutes prétendument violé les lois de notre société.

D. Conception de la recherche

i. Rompre avec la recherche juridique conventionnelle et myope

La recherche juridique a traditionnellement suivi deux conventions. La première, qui met l'accent sur le « droit en lettres noires », suppose que le droit lui-même constitue un ensemble autonome de principes que les chercheurs peuvent apprendre et maîtriser sans tenir compte des questions liées au contexte, en lisant les avis judiciaires et les lois ainsi que d'autres outils législatifs, sans tenir compte du monde extérieur au droit.

Appelés « analyse doctrinale » et menée dans les salles d'audience, les salles de classe des facultés de droit, les articles des revues de droit, les recueils de jurisprudence et les traités, cette forme d'analyse « implique la lecture attentive et la comparaison des opinions d'appel en vue d'identifier les ambiguïtés, d'exposer les incohérences entre les affaires et les lignes d'affaires, de développer des distinctions, de concilier les conclusions et d'exercer autrement les compétences caractéristiques de l'analyse juridique ».[160] Les chercheurs qui s'inscrivent dans cette tradition déduisent les principes des opinions judiciaires et des lois pour les organiser dans un cadre qui reflète la cohérence théorique

[160] Posner, Richard A. « La situation actuelle de la recherche en droit ». *The Yale Law Journal* 90, no. 5 (1981) : 1113-1130.

et pour faire des prescriptions. Non seulement ce type de recherche est en déclin depuis des décennies[161], mais il souffre d'un défaut critique en niant un fait fondamental : « On ne peut comprendre les institutions juridiques sans voir l'ensemble de l'environnement social. » [162]

Une autre tradition, qui a vu le jour dans les années 1960, postule que le point de départ d'une recherche valable sur la construction du savoir n'est pas le droit, mais plutôt les problèmes sociaux influencés par la loi.[163] Conformément à cette tradition, la loi elle-même peut être une source de problèmes parce qu'elle peut contribuer à des problèmes sociétaux, les causer ou ne pas les résoudre.

Je m'oppose à la première de ces deux traditions (c'est-à-dire à l'analyse doctrinale), qui est plus arbitraire[164] et pas plus rigoureuse[165] que

---

161 Posner, Richard A. « Le déclin du droit en tant que discipline autonome : 1962-1987 ». *Harv. L. Rev.* 100 (1986) : 761.

162 Silbey, Susan S., et Austin Sarat. « Traditions critiques dans la recherche sur le droit et la société ». *Law and Society Review* (1987) : 165-174.

163 Voir, par exemple, Tomlins, Christopher. « Quelle est l'autonomie du droit ? », *Annu. Rev. Law Soc. Sci.* 3 (2007) : 45-68.

164 Unger, Roberto Mangabeira. *Que doit devenir l'analyse juridique ?* . Verso, 1996 : 111.

165 La doctrine juridique, qui est la monnaie du droit, peut prendre différentes formes : « elle peut dépendre des faits, et donc être

la seconde, reconnaissant que la recherche doctrinale est trop limitée dans sa portée et son applicabilité aux problèmes sociétaux qui transcendent largement le droit. L'analyse doctrinale pure ne représente guère plus qu'une approche inflexible et myope pour saisir les réalités du système juridique d'un pays. Étant donné les limites de la première tradition, j'utiliserai une méthodologie s'inscrivant dans la deuxième, en me concentrant sur les problèmes que les lois n'ont pas réussi à résoudre concernant les jeunes d'origine afro-américaine ayant des difficultés sociophysiologiques.

ii. Argumenter en faveur d'une approche qualitative

Trouver des réponses aux quatre questions de recherche énoncées ci-dessus, relatives aux besoins des jeunes après leur incarcération, aux obstacles et à leurs solutions, ainsi qu'aux réformes juridiques, exige un projet de recherche soigneusement conçu et assorti de

---

limitée, ou avoir une portée considérable». Tiller, Emerson H. et Frank B. Cross. «Qu'est-ce que la doctrine juridique», *Nw. UL Rev.* 100 (2006): 517. Nombre des généralisations sur lesquelles elle repose ne sont pas étayées par des résultats empiriques ni ne découlent d'une méthode d'enquête se rapprochant des rigueurs de la méthode scientifique. Cet état de choses demeure vrai malgré la position d'éminents spécialistes, pour qui la jurisprudence est «la science du droit». Voir ainsi Loevinger, Lee. «Jurimétrie : la méthodologie de l'enquête juridique », *Law and contemporary problems* 28, no. 1 (1963) : 5-35.

leçons, que les législateurs et autres intervenants pourront utiliser pour façonner les politiques d'incarcération et de réinsertion touchant les jeunes délinquants. Conscients des approches appropriées pour une discipline sur lesquelles les chercheurs se sont appuyés afin de mener leurs recherches en criminologie[166], je vise à apporter des contributions utiles, bien que limitées, à l'acquisition des savoirs, en utilisant une méthode de recherche qualitative qui reposera sur des données.

Cette méthode semble plus appropriée qu'une approche quantitative[167], car les données

---

[166] Voir, par exemple, Noaks, Lesley, et Emma Wincup. *Recherche criminologique : comprendre les méthodes qualitatives*. Sage, 2004 (offrant des chapitres sur la construction, la politique et les aspects éthiques des méthodes qualitatives de recherche criminologique reposant sur des données qualitatives, des études de cas et des entretiens qui adhèrent aux protocoles d'analyse ethnographique).

[167] Renseigné par les écrits d'un certain nombre d'universitaires, je conclus qu'une méthode de recherche qualitative et sa contrepartie quantitative peuvent être des éléments complémentaires dans la recherche juridique orientée vers la criminologie, plutôt que des concurrents. Plus important encore, je comprends également qu'en ce qui concerne le choix d'une approche méthodologique, la considération principale devrait tourner autour de la pertinence de la méthode par rapport au(x) problème(s) à l'étude plutôt que de prendre parti entre les camps quantitatif et qualitatif. Pour déterminer le caractère approprié de la méthode, j'ai tenu compte, entre autres, de la base de connaissances, du niveau d'analyse, du contexte socioculturel

relatives aux différentes questions explorées dans ce travail sont suffisamment rares et variées pour ne pas résister à la rigueur de la composante expérimentale de la plupart des plans quantitatifs.[168]

E. Importance de la recherche

Bien que certains juristes et défenseurs de la réforme de la justice pénale aient beaucoup écrit sur les problèmes que rencontrent les jeunes ex-détenus lors de la transition entre l'établissement pénitentiaire et la communauté, aucun auteur n'a contribué à une évaluation à deux niveaux, mettant en lumière les expériences et les besoins de réinsertion (1) des jeunes ayant des difficultés sociophysiologiques et (2) des jeunes Afro-Américains.

---

et des ressources à ma disposition : financières, en matière de données disponibles et autres. Voir ainsi Berring, Robert C. « Recherche juridique et concepts juridiques : quand la forme façonne le fond ». *Cal. L. Rev.* 75 (1987) : 15. Cohen, Morris, et Kent Olson. *La recherche juridique en quelques mots.* West Academic, 2016. Noaks, Lesley, et Emma Wincup. *La recherche criminologique : comprendre les méthodes qualitatives.* Sage, 2004. Jupp, Victor R., et Victor Jupp. *Méthodes de recherche criminologique.* Routledge, 2012.

[168] Voir par exemple Neuman, William Lawrence, et Bruce Wiegand. *Méthodes de recherche en justice pénale : approches qualitatives et quantitatives.* Boston : Allyn and Bacon, 2000 (proposant sept chapitres qui traitent de l'utilisation des données quantitatives et de la pertinence des modèles de recherche quantitative).

En parvenant à cette conclusion, j'ai passé au peigne fin de nombreux ouvrages et bases de données. J'ai alors découvert que si certains chercheurs avaient étudié les obstacles liés à la transition auxquels sont confrontés les jeunes anciennement incarcérés, seul un petit nombre d'entre eux s'était exclusivement concentré sur les expériences de sous-groupes particuliers.

Ceux-ci l'avaient notamment fait pour répondre à des questions de recherche différentes de celles décrites ci-dessus.

F. Une feuille de route pour ce qui est à venir

Après avoir présenté le sujet à l'étude, j'ai jusqu'à présent discuté de la méthodologie à utiliser, présentant entre autres la thèse et le problème, les questions de recherche, la conception de la recherche et sa portée scientifique. Je vais à présent procéder à un bref état de la littérature, en analysant un certain nombre de définitions de termes, de lacunes conceptuelles et d'observations générales concernant la criminalité des jeunes.

Par la suite, j'examinerai le contexte, en m'appuyant sur deux études de cas pour illustrer les expériences des deux groupes de jeunes dont il est question, et détaillerai certains obstacles à la réinsertion. Certains de ces obstacles porteront sur des questions liées à l'éducation, pour les jeunes ayant des difficultés sociophysiologiques, tandis que d'autres porteront sur l'incarcération intergénérationnelle et les questions identitaires. Enfin, avant de conclure ce travail, je proposerai des solutions et des réformes juridiques pour faire face aux obstacles auxquels sont confrontés les jeunes d'origine afro-américaine en difficulté sociophysiologique.

Cette page a été volontairement laissée vierge

CHAPITRE III

ÉTAT DE LA LITTÉRATURE

Cette partie se compose de deux sections, qui se concentrent sur les définitions : (1) des difficultés sociophysiologiques, en examinant la façon dont les universitaires perçoivent le handicap, ou in/validité, et (2) de la négritude, en évaluant si les étiquettes d'Afro-Américain et de Noir sont exactes. Je conclurai par des observations générales sur la criminalité des jeunes et par la dissection des lacunes conceptuelles dans la littérature.

A. Définitions

i. Définir les difficultés sociophysiologiques: comment les universitaires perçoivent-ils les in/validités ?

Tout projet de recherche portant sur les expériences des jeunes rencontrant des difficultés sociophysiologiques devrait commencer par un examen de la façon dont les universitaires et le grand public ont pensé et discuté le concept de handicap. En effet, le handicap a été perçu comme un phénomène avant tout médical. S'appuyant sur cette perception, les professionnels de la santé, tels que les psychiatres, ont traité les individus présentant des difficultés sociophysiologiques comme des personnes souffrant d'un problème médical.[169] Les chercheurs ont appelé cette perception « le modèle médical du handicap ».[170] Ce modèle « a longtemps été le paradigme dominant pour comprendre le handicap ».[171]

Certains universitaires, étant contre l'idée que l'invalidité est dans l'ensemble médicale, ont soutenu qu'il s'agit plutôt d'une construction sociale.[172] Ce faisant, ces universitaires ont

---

[169] Areheart, Bradley A. « Problèmes d'invalidité ». *Yale Law & Policy Review*, 29, (2011): 347 (citant Johnson, Mary. *Faites-les disparaître : Clint Eastwood, Christopher Reeve et le cas contre les droits des personnes ayant des handicaps.* Advocado Press, 2003 : 27).

[170] Areheart, Bradley A. « Quand le handicap n'est pas juste : l'enracinement du modèle médical du handicap et le dilemme de Boucles d'or ». *Ind. LJ* 83 (2008) : 181.

[171] *Ibid.*

[172] Déclarer qu'une entité est une « construction sociale », c'est souligner qu'elle repose sur les différents aspects de notre moi social, en tant qu'êtres humains. L'opposé diamétral des « constructions sociales » comprend des objets qui existent naturellement, indépendamment de l'humanité et libres des

formulé une idée connue sous le nom de « binarité invalidité/dépréciation ».[173] En accord avec cette binarité, l'« invalidité » représente les aspects de l'in/validité qui résultent de la construction sociale. Le handicap, quant à lui, décrit les corps que diverses conditions avec des implications sociophysiologiques ont affectés.[174]

En séparant le handicap physiologique et l'invalidité sociale, la binarité in/validité renforce l'idée que cette in/validité a une racine biologique. Cette idée, à son tour, sape les droits des personnes ayant des handicaps en renforçant l'étroitesse et la primitivité des modes de perception du handicap.

D'une manière générale, les autres chercheurs à l'origine de travaux sur la santé et les validités se sont concentrés sur (1) deux grandes catégories de difficultés sociophysiologiques et (2) les conséquences des conditions invalidantes pour les jeunes.

Ces deux classifications englobent les handicaps visibles et non visibles. Les handicaps absolus, étant détectables visuellement, doivent être considérés comme visibles. En revanche, les

---

influences interactionnelles de ses membres.

173 *Ibid.*

174 Oliver, Michael. « La politique de l'invalidité : Une approche sociologique (Textes critiques sur le travail social et l'État providence) ». (1990) : 11.

invalidités qui sont moins évidentes et qui demandent donc plus de temps pour être repérées sont non visibles. Les résultats d'au moins onze études[175] indiquent que la visibilité est un facteur important en matière de handicap, au même titre que le sexe. Ces deux facteurs sont importants lorsqu'il s'agit de l'impact des conditions invalidantes sur la vie des personnes qui y sont confrontées. Par exemple, les chercheurs ont constaté que les jeunes rencontrant des difficultés sociophysiologiques, qu'elles soient visibles ou non, sont plus souvent victimes de harcèlement que leurs pairs, ce phénomène touchant davantage les jeunes hommes.[176] Les

---

[175] Voir DePauw, Karen P. « L'(in) visibilité du handicap : contextes culturels et «corps sportifs" », *Quest* 49, no. 4 (1997) : 416-430 ; Blum, Linda M. « La culpabilité des mères dans la nation du Prozac : Élever des enfants avec des handicaps invisibles ». *Gender & Society* 21, no. 2 (2007): 202-226 ; Dale Stone, Sharon. « Réactions au handicap invisible : les expériences de jeunes femmes survivantes d'un accident vasculaire cérébral hémorragique ». *Handicap et réadaptation* 27, no. 6 (2005): 293-304.

[176] Voir Swearer, Susan M., Dorothy L. Espelage, Tracy Vaillancourt, et Shelley Hymel. « Que peut-on faire contre le harcèlement scolaire ? Relier la recherche à la pratique éducative», *Educational Researcher* 39, no. 1 (2010) : 38-47 ; Zeedyk, S. M., G. Rodriguez, L. A. Tipton, B. L. Baker, et J. Blacher. « Le harcèlement des jeunes présentant un trouble du spectre autistique, une déficience intellectuelle ou un développement typique : le point de vue des victimes et des parents ». *Recherche sur les troubles du spectre autistique* 8, no 9 (2014) : 1173-1183.

types d'intimidation et de harcèlement signalés se composent de taquineries, d'injures et d'agressions physiques à l'égard des jeunes avec difficultés sociophysiologiques.[177]

En ce qui concerne les conséquences des conditions handicapantes pour les jeunes, il est bien connu dans la littérature que les jeunes confrontés à des difficultés physiologiques se retrouvent de manière disproportionnée dans les établissements anti-délinquance[178]. Les spécialistes de ce champ de recherche semblent largement s'accorder sur le fait que les éducateurs, les responsables des prisons et d'autres groupes ne fournissent pas aux étudiants ayant des handicaps l'éducation spéciale et les services connexes que la loi fédérale leur garantit à l'intérieur et à l'extérieur des établissements pour jeunes délinquants.[179]

177 Carter, Bonnie B., et Vicky G. Spencer. « Le facteur peur : le harcèlement et les étudiants ayants des handicaps ». *International Journal of Special Education* 21, no. 1 (2006) : 11-23.

178 Voir Wibbelink, Carlijn JM, Machteld Hoeve, Geert Jan JM Stams, et Frans J. Oort. « Une méta-analyse de l'association entre les troubles mentaux et la récidive juvénile ». *Agressivité et comportement violent* 33 (2017) : 78-90.

179 Lipscomb, Stephen, Joshua Haimson, Albert Y. Liu, John Burghardt, David R. Johnson, et Martha Thurlow. *Préparation à la vie après l'école secondaire : Les caractéristiques et les expériences des jeunes en éducation spécialisée. Résultats de l'étude longitudinale nationale sur la transition de 2012. Volume 1 : Comparaisons avec d'autres jeunes (rapport complet).* No.

ii. Définir la négritude : les étiquettes d'Afro-Américain et de Noir sont-elles exactes ?

Malgré leur omniprésence dans les écrits universitaires et le discours général, les termes généraux tels que « Afro-Américain » ou « Noir », que j'utilise ici de manière interchangeable, sont *a minima* imparfaits, voire dévalorisants et carrément inexacts, compte tenu de l'existence d'une diversité significative au sein de la communauté afro-américaine.[180] Ce sous-groupe sociétal comprend un certain nombre de populations d'origine africaine différentes aux États-Unis. À la lumière de cette réalité, un débat académique vigoureux concernant l'utilisation des termes « Africain-Américain » et « Noir » pour les populations d'origine africaine devrait émerger dans le courant dominant.[181]

---

a16b0d64d0d04173b3289e0ff54b53ef. Mathematica Policy Research, 2017.

[180] Voir Sellers, Robert M., Mia A. Smith, J. Nicole Shelton, Stephanie AJ Rowley, et Tabbye M. Chavous. « Modèle multidimensionnel de l'identité raciale : Une reconceptualisation de l'identité raciale afro-américaine ». *Personality and Social Psychology Review* 2, no. 1 (1998): 18-39 ; Brunsma, David L. « Les familles interraciales et l'identification raciale des enfants métis : les résultats de l'étude longitudinale sur la petite enfance ». *Social Forces* 84, no. 2 (2005) : 1131-1157.

[181] Agyemang, Charles, Raj Bhopal, et Marc Bruijnzeels. « Nègre, Noir, Africain noir, Africain des Caraïbes, Africain américain ou quoi ? L'étiquetage des populations d'origine africaine dans le domaine de la santé au XXIe siècle ». *Journal of epidemiology and*

B. Observations générales sur la criminalité des jeunes

Dans les livres et les revues de criminologie, les chercheurs ont présenté un éventail de raisons pour expliquer les délits commis par les jeunes : l'âge[182]; un type d'irrationalité appelé « akrasia », désignant l'absence ou le manque de maîtrise de soi, ou la faiblesse de la volonté[183] ; et des choix calculés visant à maximiser l'utilité, comme cela se manifeste en termes monétaires et hédonistes.[184] Outre ces facteurs de causalité, d'autres chercheurs ont pu citer les obstacles rencontrés dans la poursuite conventionnelle des objectifs personnels[185] et la pression des pairs.[186] Une autre école de pensée énonce que si les actes de délinquance mineurs

---

community health 59, no. 12 (2005): 1014-1018.

182 Warr, Mark. « Âge, pairs et délinquance ». *Criminologie* 31, no. 1 (1993): 17-40.

183 Brezina, Timothy. « Évaluer la rationalité du comportement criminel et délinquant : un accent sur l'utilité effective », *Choix rationnel et comportement criminel : recherches récentes et difficultés futures* (2002) : 244-264.

184 Cernkovich, Stephen A. « Évaluation de deux modèles de causalité de la délinquance - la théorie structurelle et la théorie du contrôle ». *Criminologie* 16 (1978) : 335.

185 Quicker, John C. « L'effet de la divergence des objectifs sur la délinquance ». *Social Problems* 22, no. 1 (1974): 76-86.

186 Sullivan, Christopher J. « La délinquance des jeunes adolescents : évaluation du rôle des problèmes de l'enfance, de l'environnement familial et de la pression des pairs ». *Youth Violence and Juvenile Justice* 4, no. 4 (2006): 291-313.

sont omniprésents et typiques, les législateurs les criminalisent pour rendre le contrôle social légitime.[187]

Depuis les années 1950, un grand nombre de modèles et de conjectures criminologiques, tels que la théorie de la souche, ont mis l'accent sur les aspirations contrariées des gens à l'égard des valeurs et des objectifs traditionnels. Dans certains cas, ces aspirations sont liées à des caractéristiques personnelles résultant de déficits de nature biologique et sociale. Ces déficits englobent une maîtrise insuffisante de soi ou une incapacité à socialiser.

En outre, ces insuffisances peuvent apparaître en raison : (1) d'un raisonnement moral peu judicieux, comme le soutiennent les partisans des théories mettant en avant le contrôle social ou le choix rationnel ; (2) d'un statut ou d'une position peu élevés dans la hiérarchie sociale, comme le soutiennent les théoriciens de la sous-culture ; ou (3) d'une absence de liens sociaux, marquée par une privation de statut et de réussite.

Dans un passé récent, les universitaires souscrivant aux principes de la criminologie culturelle et de la théorie de l'étiquetage ont soutenu que les marqueurs attribués aux individus, tels que « criminel », pourraient contribuer à l'augmentation de la marginalisation et du nombre de crimes commis

---

[187] Cohen, Stanley. Visions du contrôle social : Crime, punition et classification. Cambridge : Polity Press, 1985: chapitre 3

par les jeunes.[188] Certains théoriciens ont suggéré, de manière convaincante, que la pauvreté et les inégalités ont pu limiter l'accès des jeunes aux opportunités.[189] Pour les jeunes, des pratiques inadéquates dans le domaine de l'éducation des enfants, des compétences médiocres en matière de socialisation, la pression des pairs et les aléas économiques sous forme de chocs de revenus ont conduit à une « dérive » entre les mœurs conventionnelles et la délinquance.[190]

C. Sur l'analyse des lacunes conceptuelles dans la littérature

Malheureusement, la littérature relative à la naissance du comportement délinquant présente un certain nombre de limites. Tout d'abord, la littérature n'a pas pris en compte les déterminants temporels, culturels et sociaux qui influencent le comportement délinquant. Un autre défaut de la littérature, concerne le fait que peu de théories de la criminalité à ce jour s'appliquent à la délinquance féminine, ou le fait que le contrôle de la délinquance juvénile est

---

188 Voir Bernburg, Jon Gunnar, Marvin D. Krohn, et Craig J. Rivera. « Étiquetage officiel, intégration criminelle et délinquance ultérieure : un test longitudinal de la théorie de l'étiquetage ». *Journal of Research in Crime and Delinquency* 43, no. 1 (2006) : 67-88.

189 Kennedy, Bruce P., Ichiro Kawachi, Deborah Prothrow-Stith, Kimberly Lochner et Vanita Gupta. « Capital social, inégalité des revenus et crimes violents commis avec des armes à feu ». *Social science & medicine* 47, no. 1 (1998) : 7-17.

190 Matza, David. Drift. J. Wiley, 1964.

une entreprise principalement axée sur les hommes. Les chercheurs et les responsables politiques ont largement ignoré la délinquance féminine en raison de sa faible prévalence.

Deux autres défauts sont récurrents. Les perspectives qui se concentrent sur le développement des jeunes ont minimisé, voire carrément négligé, les implications sociopolitiques de l'âge et des transitions des jeunes. Alors que l'âge peut être crucial pour comprendre les comportements délinquants, il existe des implications externes, et principalement liées au pouvoir, des transitions des jeunes qui ont été inexplorées ou rejetées dans la recherche criminologique.[191] Enfin, nombre de projets de recherche dans le domaine de la criminologie sont essentiellement axés sur l'agenda.

Pour se débarrasser de ces défauts corrigibles, les chercheurs devraient élargir leurs perspectives analytiques afin d'intégrer les expériences de tous les jeunes anciennement incarcérés et actuellement en transition entre les établissements anti-délinquance juvénile et leurs communautés respectives.

---

[191] Voir Matsueda, Ross L., et Karen Heimer. « Une théorie interactionniste symbolique des transitions de rôle, des engagements de rôle et de la délinquance ». *Théories développementales du crime et de la délinquance* (1997) : 163-213.

CHAPITRE IV

CONTEXTE

Après avoir passé en revue la littérature pertinente et exposé quatre de ses plus grandes faiblesses, cette section « Contexte » liera intentionnellement l'introduction de ce travail, qui faisait allusion aux expériences carcérales de Nelson Mandela, aux questions liées à l'incarcération aux États-Unis – en particulier dans le cadre du débat sur l'incarcération des jeunes. Ensuite, j'analyserai les facteurs sous-jacents de l'enfermement des jeunes et les expériences d'incarcération des jeunes avec des difficultés sociophysiologiques. Puis j'examinerai la situation des jeunes noirs et leur parcours d'incarcération à l'aide de deux études de cas. Enfin, je donnerai un sens à ma présentation de ces études de cas en détaillant leur signification pour ce projet de recherche.

A. Établir des liens conceptuels : Mandela, l'incarcération de masse aux États-Unis et le débat sur l'incarcération des mineurs

Deux faits sombres relient les dommages que la prison a pu infliger à Mandela à l'expérience des Américains d'aujourd'hui. Premièrement, en dépit de ses coûts psychologiques connus et croissants, l'isolement, ou le confinement solitaire que Mandela a enduré dans l'Afrique du Sud de l'apartheid, reste une punition quotidienne dans de nombreuses prisons américaines.[192] De quoi faire sourciller les cercles éthiques, [193] car le confinement solitaire a

[192] En 2011-2012, lors d'une journée moyenne, jusqu'à 4,4 % des détenus des États et des établissements fédéraux et 2,7 % des détenus des prisons étaient placés en isolement administratif ou en confinement solitaire. Près de 20 % des détenus des prisons et 18 % des détenus des établissements pénitentiaires avaient passé du temps en logement restrictif, y compris en isolement disciplinaire ou administratif, ou en isolement cellulaire, au cours des douze derniers mois ou depuis leur arrivée dans leur établissement actuel, si celui-ci est plus court. » Beck, Allen J. « Utilisation des logements restrictifs dans les prisons et les établissements pénitentiaires américains, 2011-2012 ». Département américain de la justice, Bureau des statistiques judiciaires (2015). Ces chiffres, bien qu'en partie faibles, devraient se rapprocher le plus possible de zéro, compte tenu de ce que les psychiatres et d'autres personnes ont découvert sur le confinement solitaire. Si l'objectif de notre société est de réhabiliter les anciens détenus, les responsables des prisons ne devraient pas chercher à affaiblir ces personnes, surtout si cela a des effets négatifs à long terme. *Ibid.*

[193] Voir Metzner, Jeffrey L., et Jamie Fellner. « L'isolement cellulaire et les maladies mentales dans les prisons américaines :

des conséquences psychologiques désastreuses à court et à long terme pour les prisonniers.[194] Deuxièmement, l'Amérique enferme actuellement des hommes afro-américains, jeunes et moins jeunes, dans des proportions environ *quatre fois supérieures* au taux d'incarcération des hommes noirs pendant l'apartheid en Afrique du Sud.[195] Au lieu d'adopter des mesures plaçant ces hommes sur un pied d'égalité avec leurs homologues caucasiens, ou blancs, largement plus privilégiés – dont les ancêtres n'ont connu ni l'esclavage, ni Jim Crow –, le pays

Un défi pour l'éthique médicale». (2010).

[194] Voir Arrigo, Bruce A., et Jennifer Leslie Bullock. « Les effets psychologiques de l'isolement cellulaire sur les prisonniers dans les unités supermax : examen de ce que nous savons et recommandations quant à ce qui devrait changer ». *International Journal of Offender Therapy and Comparative Criminology* 52, no. 6 (2008): 622-640 (sur l'examen des effets psychologiques de l'isolement des détenus américains, à court et à long terme, qui doivent faire face à l'isolement administratif et disciplinaire ; s'intéresse à l'utilisation par les responsables de l'incarcération d'unités de logements sécurisées, également appelées unités de contrôle ou supermax) ; Grassian, Stuart. « Effets psychopathologiques de l'isolement ». *American Journal of Psychiatry* 140, no. 11 (1983): 1450-1454 (détaille un grand nombre de symptômes psychiatriques que quatorze détenus ont éprouvés après avoir été exposés à des périodes plus longues d'isolement, concluant que ces symptômes constituent « un syndrome psychiatrique majeur, cliniquement identifiable »).

[195] Haney, Craig, et Philip Zimbardo. « Le passé et l'avenir de la politique carcérale américaine : vingt-cinq ans après l'expérience de la prison de Stanford ». *American Psychologist* 53, no. 7 (1998): 709.

punit les Afro-Américains de manière inégale pour leurs erreurs.

Bien que cette section ne se concentre pas sur l'isolement cellulaire, elle dépeint, de manière générale, l'incarcération de deux groupes surreprésentés parmi les jeunes anciens détenus : les jeunes d'origine afro-américaine et ceux rencontrant des difficultés sociophysiologiques. Tout comme les Noirs étaient surreprésentés parmi les populations carcérales pendant l'apartheid en Afrique du Sud, [196] les membres de ces deux groupes sont aujourd'hui surreprésentés parmi les jeunes anciennement incarcérés qui réintègrent la société.[197] Ce parallèle montre l'intérêt de faire allusion aux expériences carcérales de Mandela.

---

[196] Bien que les statistiques concernant le nombre de détenus dans les prisons sud-africaines pendant l'apartheid soient difficiles à établir, William H. Worger, professeur d'histoire à l'Université de Californie-Los Angeles, spécialisé dans l'histoire sociale et économique de l'Afrique du Sud, rapporte que « le taux d'incarcération en Afrique du Sud en 1984, en plein apartheid, était de 440 personnes emprisonnées pour 100 000 habitants. Les Noirs représentaient environ 94 % des personnes incarcérées. » Greenberg, Jon. « Kristof : Les États-Unis emprisonnent les Noirs à des taux plus élevés que l'Afrique du Sud pendant l'apartheid. » PunditFact, Politifact.com, Tampa Bay Times. 11 décembre 2014. Consulté le 12 mai 2017.

http://www.politifact.com/punditfact/statements/2014/dec/11/nicholas-kristof/kristof-us-imprisons-blacks-rates-higher-south-afr/

[197] Quinn et al, supra, note 11 ; The Sentencing Project, *supra*, note 12.

B. L'analyse d'un facteur sous-jacent de l'incarcération des jeunes

Pour que la recherche concernant un phénomène quelconque progresse de manière systématique, son ou ses initiateurs doivent commencer par les facteurs fondamentaux qui facilitent la pensée linéaire et aident les lecteurs à déterminer s'il existe une compréhension à plusieurs niveaux de la, ou des questions de recherche. Pour satisfaire à cette exigence en ce qui concerne la question principale de ce travail, c'est-à-dire la réinsertion des jeunes anciennement incarcérés, j'aborderai dans cette section l'un des principaux facteurs contribuant à la détention des jeunes, à savoir l'incarcération intergénérationnelle, ou parentale. Les coûts secondaires de l'incarcération peuvent sans aucun doute être importants. La préoccupation la plus évidente à ce niveau est que les effets d'entraînement de l'incarcération peuvent nuire à ceux qui sont enfermés, à leurs communautés et à leurs familles, y compris les enfants de parents enfermés.

J'aborde ici l'incarcération intergénérationnelle en ne faisant certes qu'effleurer la question, car les jeunes rencontrant des difficultés sociophysiologiques sont à peine touchés par ce problème, contrairement à leurs homologues, les jeunes d'origine afro-américaine. Étant donné que l'incarcération intergénérationnelle affecte remarquablement les jeunes Afro-Américains, les hommes noirs étant fortement surreprésentés dans la population carcérale adulte des États-Unis, je m'étendrai plus loin sur ses conséquences pour les jeunes Afro-Américains, et j'irai même jusqu'à la qualifier d'obstacle à la réinsertion dans la communauté des jeunes Afro-Américains anciens détenus.

La discussion générale de l'incarcération intergénérationnelle est ici bénéfique, car elle explique les racines de l'incarcération des jeunes, en démasquant les périls qui précèdent l'enfermement pour les deux groupes : les jeunes avec difficultés sociophysiologiques et ceux d'origine afro-américaine. Elle met également en lumière les méfaits généraux présents dans le, ou les environnements dans lesquels certains jeunes anciennement incarcérés cherchent à se réinsérer. Enfin, pour que ce projet de recherche réussisse à prescrire des solutions et des réformes adéquates, une compréhension correcte des causes ou des facteurs corrélationnels menant à l'incarcération des jeunes s'avère indispensable.

Étant donné que de nombreux jeunes délinquants ont des parents incarcérés ou ayant été incarcérés, [198] ils sont aux prises avec le poids non seulement de l'intersection de facteurs socio-économiques, mais aussi des effets intergénérationnels de l'incarcération de masse lorsqu'ils quittent les établissements pénitentiaires pour regagner leur communauté. Selon certains chercheurs, avant que ces jeunes ne commettent des crimes et ne purgent leur peine dans

[198] Reed, Diane F., et Edward L. Reed. « Les enfants de parents incarcérés ». *Social Justice* 24, no. 3 (69) (1997) : 152-169.

des prisons ou des établissements pénitentiaires[199], ils ont été exposés à l'incarcération et au comportement de leurs parents, ce qui nécessite l'analyse effectuée dans la section suivante. Il est important de souligner que l'accent est ici mis sur les expériences des jeunes, et non sur celles des parents.

Étant donné que ce travail vise à améliorer les expériences de réinsertion des jeunes anciennement incarcérés, certains lecteurs pourraient se demander pourquoi s'intéresser aux parents incarcérés et à leurs enfants. D'après Richard Trembley, lauréat du Stockholm Criminology Prize[200], pour comprendre

---

199 Voir Johnson, Rucker C. « Risques intergénérationnels d'implication criminelle et d'incarcération ». Manuscrit non publié, Goldman School of public Policy, Université de Californie, Berkeley (2007) (constatant, entre autres, que : (1) les disparités entre les Noirs, les Blancs et les autres races d'Américains en matière de risques d'incarcération au cours de la vie sont inquiétantes ; (2) les antécédents familiaux et/ou de voisinage influent grandement sur l'implication criminelle des jeunes et les risques de détention ; et (3) « que 20 % des enfants noirs ont un père avec un passé d'incarcération ; et parmi les enfants noirs dont le père n'a pas obtenu de diplôme d'études secondaires, un taux alarmant de 33 % de pères avec un passé d'incarcération »).

200 Le prix de Stockholm de criminologie est un prix bien connu et très respecté, décerné par un jury international composé de plusieurs personnes, qui met en lumière les travaux de chercheurs réalisant des avancées importantes dans la recherche en criminologie. Le prix de cette année (2017) a été décerné à Richard E. Tremblay, le plus grand spécialiste mondial des liens entre les facteurs biologiques et sociaux du

pleinement ce qu'est une réintégration réussie dans une communauté, il est essentiel de réfléchir soigneusement au processus de réinsertion en partant de la base.[201]

Tremblay soutient implicitement que les résultats de la réinsertion découlent en partie des expériences de développement des jeunes. Lorsque les jeunes atteignent l'adolescence, les interventions deviennent plus coûteuses et moins efficaces qu'elles ne l'auraient été si les décideurs politiques et les responsables de la réinsertion s'étaient attaqués au phénomène dès le début.

---

développement humain et leur contribution à la criminalité, grâce à des processus de recherche rigoureux. Université de Stockholm. « Le prix de Stockholm en criminologie ». På svenska. Consulté le 14 mai 2017. http://www.su.se/english/about/prizes-awards/the-stockholm-prize-sur-criminology/price-recipient-2017-1.309600 ; Carrey, Normand. « Entretien avec le docteur Richard Tremblay ». *Journal de l'Académie canadienne de psychiatrie de l'enfant et de l'adolescent*, National Center for Biotechnology Information, 2010. Consulté le 12 mai 2017. https://www.ncbi.nlm.nih.gov/pmc/articles/PMC3085675/

[201] Université de Stockholm. Annonce du Prix de Stockholm en Criminologie. Enregistrement sur bande magnétique. Site web du symposium. Stockholm, Suède, 2017. Consulté le 12 mai 2017.

http://www.su.se/english/about/prizes-awards/the-stockholm-prize-in-criminology.

C. Examen des jeunes avec difficultés sociophysiologiques et de leurs expériences d'incarcération

Les estimations des spécialistes varient quant à la taille de la population de jeunes présentant des difficultés sociophysiologiques et enfermés dans le système pénal pour mineurs. Par exemple, les chercheurs en éducation spécialisée Lyndal Bullock et Patrick McArthur affirment que la prévalence d'in/validités de l'éducation spécialisée entre membres de cette population est quatre à cinq fois plus élevée que le taux d'in/validités de l'éducation spécialisée dans la population générale.[202] Cette estimation correspond en quelque sorte aux enquêtes statistiques, selon lesquelles entre 20 % et plus de 60 % des jeunes dans les établissements pénitentiaires pour mineurs présentaient un handicap.[203]

Les incohérences dans les estimations de la prévalence des handicaps sont dues à des raisons qui englobent : (1) des définitions variables du handicap ; (2) des processus insuffisants de tests en éducation spécialisée dans les écoles publiques et les établissements pénitentiaires pour jeunes ; et (3) des obstacles à la mise en œuvre de programmes d'éducation spécialisée dans les établissements

---

[202] Bullock, Lyndal M., et Patrick McArthur. « Éducation spécialisée en milieu correctionnel : Estimations de la prévalence des handicaps et programmes de préparation des enseignants ». Éducation *et traitement des enfants* (1994): 347-355.

[203] Quinn et al., *supra*, note 11.

pénitentiaires, en raison de l'insuffisance des ressources financières et de la dotation en personnel pour les initiatives d'éducation spécialisée.[204]

Les définitions du handicap et les critères d'admissibilité diffèrent selon les États. La loi fédérale établit des normes d'admissibilité minimales et les États peuvent adopter des critères différents, plus complexes, pour les personnes ayant des handicaps.[205]

i. Étude de cas no 1 : l'affaire Blade Reese

Wabash, Indiana. Derrière chaque gros titre concernant un crime, se cachent de nombreuses tragédies pour les personnes concernées et en particulier les enfants. Le centre correctionnel de Wabash Valley, un complexe de 530 acres clôturé par des barbelés, abrite plus de 2 000 hommes, incarcérés pour des crimes de différents calibres, dont certains font les gros titres des médias, de l'incendie criminel à l'homicide.[206] Contrairement

---

[204] Nelson, C. Michael, Robert B. Rutherford Jr, David B. Center, et Hill M. Walker. « Les écoles publiques ont-elles l'obligation de servir les enfants et les jeunes en difficulté ? ». *Exceptional Children* 57, no. 5 (1991): 406-415.

[205] Rutherford, R. B., Michael Bullis, Cindy W. Anderson, et Heather M. Griller-Clark. « Les jeunes ayant des handicaps dans le système correctionnel : Taux de prévalence et questions d'identification ». *Washington, DC: Office of Juvenile Justice and Delinquency Prevention* (2002).

[206] Département correctionnel de l'Indiana. « HISTORIQUE DU CENTRE CORRECTIONNEL DE LA VALLÉE DE LA

à d'autres établissements correctionnels pour adultes en Amérique, Wabash comprend un bloc de cellules abritant des dizaines d'enfants condamnés comme des adultes[207], et mal équipé pour affronter les obstacles expérientiels qui se dressent devant les jeunes détenus. L'un des détenus enfermés à Wabash est Blade Reed, un jeune homme condamné pour avoir commis un « vol avec blessures corporelles graves », [208] un crime de niveau 2 passible de dix à trente ans de réclusion dans les prisons de l'Indiana.

À Wabash, pour aller prendre leur petit déjeuner, les prisonniers doivent traverser la cour de la prison jusqu'à la cantine. Chaque matin, une fois que les lourdes portes en fer se sont ouvertes, les détenus de Wabash se précipitent dans la pénombre pour aller remplir leur estomac vide. Pour Blade Reed, logé dans le bloc des jeunes condamnés, le fait de se rendre à la cantine a un sens particulier. Cela lui permet de profiter de l'air vivifiant du matin, loin des limites étouffantes de sa cellule de la taille d'un dressing,

---

WABASH » : Historique du centre correctionnel de la vallée de Wabash. Consulté le 12 février 2017 : http://www.in.gov/idoc/3226.htm.

207 *Ibid.*

208 Lane, Laura. « Blade Reed, 14 ans, condamné à trente ans de prison pour violation de domicile et attaque ». Herald Times Online, 7 décembre 2009. Consulté le 12 février 2017. http://ww.heraldtimesonline.com/stories/2009/12/07/news.qp-3072806.sto

et de respirer un air pur qui n'a pas été partagé par des centaines de corps confinés.

Avant de se rendre au petit déjeuner, Blade passe devant une rangée de cellules de 1,5 m sur 1,7 m faiblement éclairées, fermées par des barreaux d'acier peints, si gros qu'ils ressemblent à des matraques. Le couloir menant à la cour de Wabash depuis la cellule de Blade s'étend sur quarante mètres de long et cinq de large. C'est un espace exigu pour des dizaines de jeunes hommes qui se bousculent et s'affairent.[209] À la fin du petit déjeuner, dans le brouhaha des bavardages, Blade se fraye un chemin à travers le chaos. Il n'établit que peu, ou pas, de contact visuel et a du mal à s'exprimer, car il est « atteint d'une déficience intellectuelle et cognitive » [210] mais il salue ses amis par un contact poing à poing. En retournant dans sa cellule, Blade jette un coup d'œil par-dessus son épaule, à la recherche de coups de poing qui voleraient ou

[209] Merenova, Elena V. « Comparaison des souvenirs de la petite enfance des automutilateurs répétitifs et des non-automutilateurs dans une population carcérale d'État ». Thèse de doctorat, Indiana State University (2001).

[210] The Redemption Project. « Mettez fin à la torture du jeune autiste Blade Reed à la prison de Wabash ». Pétition Change.Org, pétition adressée au commissaire du département correctionnel de l'Indiana Bruce Lemon et à sept autres personnes (Indiana, 2012). Consulté le 4 mars 2017. https://www.change.org/p/end-the-torture-of-autistic-juvenile-blade-reed-in-the-wabash-prison.

de bruits soudains qui s'élèveraient au-dessus de la cacophonie générale. Les miasmes des corps non lavés des jeunes hommes vêtus de loques, envahissent l'air. La voie étant libre sur tout le chemin du retour, Blade rentre dans sa cellule.

La dernière fois que Reed a vécu hors de Wabash, c'était il y a des années, alors qu'il était encore collégien. Un jour, avec un autre garçon, il a pris son vélo dans l'intention de voler de la bière à ses voisins, un couple de personnes âgées.[211] Ce qu'a fait Blade, abusé physiquement et sexuellement dans son enfance et élevé en famille d'accueil, a choqué Helmsburg, une Ville du centre de l'Indiana où il a passé une partie de sa courte vie. Ne voulant pas laisser de témoin derrière lui, il a poignardé la femme avec un couteau de cuisine. Son frère aîné Bennie, 17 ans, armé un pistolet de calibre 25 volé a tiré une balle qui a tué Dude Voland, un vétéran des forces armées et ancien monteur en tuyauterie et une autre qui a touché la femme de Dude, Mary, à l'estomac. Mary ayant survécu, Blade a écopé d'une peine de trente ans de réclusion, dont il ne purgera que la moitié. Son frère, quant à lui, a été condamné à soixante ans de prison pour meurtre et coups et blessures.

[211] Lane, *supra*, note 61.

D. Analyse des jeunes Noirs et de leur parcours d'incarcération

Comme le confirment un certain nombre d'études, les disparités raciales affectent la façon dont l'Amérique traite ses jeunes hommes et femmes. Il y a quinze ans, le Conseil national de la recherche et l'Institut de médecine ont publié un livre concluant à l'existence de disparités majeures dans l'implication des jeunes des minorités dans le système de délinquance juvénile, en particulier les Afro-Américains, par rapport aux jeunes blancs.[212] Dans la lignée de cette conclusion, d'autres chercheurs[213] ont documenté ce déséquilibre dans la représentation des Afro-Américains dans les prisons.

Cette surreprésentation soulève des questions d'équité quant au fonctionnement du système de délinquance juvénile et aux trajectoires de vie de nombreux jeunes issus de communautés minoritaires. Il y a quatre ans à peine, « les mineurs noirs étaient au moins quatre fois plus susceptibles d'être incarcérés que les mineurs blancs », tandis que « les mineurs amérindiens [ou natifs américains] étaient au moins trois fois plus susceptibles de l'être,

---

[212] Conseil national de la recherche. *Criminalité juvénile, justice juvénile*. National Academies Press, 2001: 228.

[213] Voir Engen, Rodney L., Sara Steen, et George S. Bridges. « Disparités raciales dans la punition des jeunes : Une évaluation théorique et empirique de la littérature ». *Social Problems* 49, no. 2 (2002): 194-220 ; Bishop, Donna M., et Michael J. Leiber. « Différences raciales et ethniques dans la délinquance et les réponses du système judiciaire » (2012).

et les mineurs hispaniques [ou latino-américains]… 61 % plus susceptibles» [214] que leurs homologues blancs de se retrouver pris dans le piège du système pénal américain pour mineurs.[215] Un tel traitement discriminatoire des personnes incarcérées, qu'il soit intentionnel ou accidentel, n'est pas sans précédent historique.

Pendant près de quatre décennies, du milieu des années 1970 à 2010, la population carcérale des États-Unis a explosé, marquant une croissance sans précédent dans son histoire.[216] Parmi les personnes touchées de manière disproportionnée par l'incarcération de masse figurent les Noirs américains. Michelle Alexander, juriste renommée dans ce domaine et avocate des droits civiques des Noirs, écrit qu'« aujourd'hui, il y a plus d'Afro-Américains sous contrôle correctionnel, en prison, en liberté surveillée ou en liberté conditionnelle, que d'esclaves en 1850, dix ans avant le début de la guerre civile. »[217] Le niveau de discrimination dont

---

[214] Rovner, J. « Disparités raciales dans les placements en détention et les arrestations des jeunes » (2016).

[215] *Ibid.*

[216] Pfaff, John F. « L'économie complexe de la réforme des prisons ». *Mich. L. Rev.* 114 (2015) : 951.

[217] Giroux, Henry A. *La jeunesse en révolte : réclamer un avenir démocratique.* Routledge, 2015:63 (citant Michelle Alexander : « Un système de contrôle racial et social ». » Interview réalisée par Sarah Childress.

Frontline, 29 avril 2014. Consulté le 12 mai 2017.

sont victimes les Noirs américains s'est avéré si grave qu'Alexander remarque par ailleurs que « dans les grandes villes américaines d'aujourd'hui, plus de la moitié des hommes afro-américains en âge de travailler sont soit sous contrôle correctionnel, soit considérés comme des criminels, et donc soumis à une discrimination dépénalisée pour le reste de leur vie. »[218] Ainsi, à Chicago, l'une des villes les plus ghettoïsées d'Amérique, les hommes noirs âgés de 15 à 64 ans représentent 27,3 % de la population résidentielle, mais constituent dans le même temps 70,3 % de tous les détenus en milieu carcéral.[219]

i. Étude de cas no 2 : l'affaire Harry Saintil

L'incursion de Blade dans l'univers pénitentiaire et son voyage à travers les différents systèmes judiciaires et d'incarcération, contrastent par rapport à ceux de Harry, un de mes anciens meilleurs amis, qui s'est donné la mort après avoir purgé une peine dans un établissement correctionnel du Massachusetts. Quelques jours après son dix-huitième anniversaire, lui et un

---

http://www.pbs.org/wgbh/frontline/article/micillle-alexander-a-system-of-racial-and-social-control/).

[218] Michelle Alexander : « Un système de contrôle racial et social » Interview réalisée par Sarah Childress. Frontline, 29 avril 2014. Consulté le 12 mai 2017. *Ibid.*

[219] Vera Institute of Justice. Tendances d'incarcération : Incarcération dans les prisons de Cook County, Illinois. Consulté le 12 mai 2017. http://trends.vera.org/rates/cook-county-il?incarceration=disparity&incarcerationSource=black.

autre garçon ont été arrêtés pour avoir vendu des stupéfiants près d'une cour d'école.

C'était la première infraction de Harry, et il n'avait pas fait de mal physiquement ou directement à quelqu'un. Il s'était rendu dans la cour de l'école contre son gré, pensant aider un ancien camarade de classe à obtenir un « prêt » d'un ami, qui s'est avéré être un policier en civil. Malgré ces circonstances atténuantes, le juge a condamné Harry à plus de cinq ans derrière les barreaux. Le complice à qui appartenait la drogue n'a pas été condamné à une peine d'emprisonnement, entre autres raisons, parce qu'un témoin n'a pas pu l'identifier. Étant donné que Harry était très discret et parlait peu l'anglais au sein du quartier de Mattapan (Massachusetts), habité en particulier par des Haïtiens-Américains, son cas est rapidement devenu un emblème de ce que beaucoup considèrent comme un système de justice pénale draconien, qui ne pose aucune question.

Quelques années avant sa mort, Harry semblait être en train de reprendre sa vie en main. Il avait obtenu un diplôme d'enseignement général (G.E.D.), suivi quelques cours à l'université locale, et essayé de trouver un emploi. Malgré tous ses efforts pour faire oublier son casier judiciaire, les difficultés de Harry n'ont pas cessé. Un soir, il a sauté dans la Charles River, un cours d'eau de 80 miles de long traversant des dizaines de villes du Massachusetts jusqu'à l'océan Atlantique. Harry, qui ne savait pas nager, s'est rapidement noyé. Après avoir parlé pendant d'innombrables heures avec lui et les membres de sa famille, il semble qu'il ne pouvait pas se remettre du traumatisme psychologique résultant des années qu'il avait passées, enfermé seul dans une cellule toute la journée, sauf pendant une heure par jour. Une fois sorti de prison, Harry avait recréé les conditions de son isolement, s'enfermant seul dans sa chambre pendant de longues périodes. De plus, il n'était plus à l'aise avec les gens, surtout dans les grands groupes.

Durant sa dernière année de vie, Harry a vécu au même endroit : dans une chambre d'une maison de trois étages, située dans une communauté d'immigrés où prédominent les logements sociaux, les maisons individuelles et les petits immeubles d'habitation.

Harry était l'aîné d'une fratrie de cinq enfants. Alors qu'il était âgé de dix ans, son père, qui gagnait sa vie comme cuisinier, avait déménagé mais continuait à le soutenir en lui accordant une allocation hebdomadaire. Harry, qui se débattait pour payer le loyer et se nourrir, a commencé à dormir dans des bâtiments abandonnés jusqu'à ce qu'il trouve un emploi d'apprenti dans un atelier de mécanique automobile, qui lui permettait de mieux subvenir à ses besoins. Pour ses études,

Harry était allé à Hyde Park High School, un grand lycée mais qui manquait de moyens.

Harry avait vite compris qu'il ne se ferait pas beaucoup d'amis en prison. Il avait été placé dans un bloc abritant des criminels violents, depuis des pyromanes jusqu'à des meurtriers. C'est au cours de son incarcération que la vie de Harry a changé. Il jouait aux cartes avec des détenus, quand il a reçu un courrier l'informant que sa mère était à l'hôpital pour une tumeur au cerveau.

E. Les expériences de Blade et Harry : énoncer leur importance pour cette entreprise de recherche

Les histoires de ces deux jeunes hommes ont servi de points de référence pour les deux groupes de jeunes dont les intérêts sont abordés dans ce livre. À la lumière de ses différences de développement et de cognition, Blade représente les jeunes avec des difficultés sociophysiologiques. Harry, fils d'immigrants haïtiens, né aux États-Unis, représente les Afro-Américains. Les histoires de ces deux jeunes sont imbriquées dans l'analyse qui suit et facilitent la compréhension du handicap et de la race dans leur contexte.

Si les statistiques peuvent être utilisées pour faire des généralisations et étayer un discours, les histoires uniques comme celles de Blade et de Harry sont plus mémorables. Elles répondent au mandat d'engagement politique émis par l'ancien président américain Obama, auquel j'ai fait allusion dans l'introduction du présent travail. De par l'empreinte qu'elles laissent dans l'esprit des lecteurs, j'espère que ces histoires démontrent le pouvoir de l'élément humain, en montrant que les injustices auxquelles sont confrontés les jeunes rencontrant des difficultés sociophysiologiques et ceux d'origine afro-américaine, touchent des personnes réelles et ne sont pas seulement des statistiques.

Qui plus est, ces deux études de cas façonnent les solutions et les réformes discutées plus loin. Ainsi, parce que Harry appartenait au sous-groupe haïtiano-américain de la communauté afro-américaine au sens large, la littérature francophone est peu prompte à proposer des solutions aux jeunes noirs anciennement incarcérés.

Alors que Blade est toujours en vie, Harry n'est plus là. Sa mort et celle d'autres personnes devraient tirer la sonnette d'alarme quant aux obstacles auxquels sont confrontés les jeunes défavorisés après leur incarcération. Pour analyser les obstacles à la réinsertion et décrire des solutions possibles ci-dessous, je me suis appuyé sur les histoires de Blade et Harry non seulement comme source d'inspiration mais aussi comme dispositif heuristique : une aide à l'analyse.

CHAPITRE V

LES OBSTACLES À LA RÉINSERTION

Dans cette partie du livre, j'aborderai d'abord les obstacles auxquels se heurtent les jeunes avec difficultés sociophysiologiques, en abordant les occasions manquées de dépistage et de suivi et les obstacles administratifs dans la prestation de services d'éducation spécialisée. J'aborderai ensuite les obstacles auxquels sont confrontés les jeunes d'origine afro-américaine, en abordant l'incarcération intergénérationnelle et les questions liées à l'identité et à la conscience raciale.

A. Obstacles communs

Les jeunes anciennement détenus ayant des difficultés sociophysiologiques et ceux d'origine afro-américaine se heurtent à des obstacles proverbiaux. Certains de ces obstacles résident dans des difficultés non seulement à poursuivre un parcours éducatif, mais aussi à trouver un emploi après leur incarcération. À leur tour, ces limitations ont des effets d'entraînement qui affectent les membres de ces deux groupes de diverses manières.

À la lumière de la variation des effets, je décrirai ci-dessous certains des obstacles auxquels sont confrontés les jeunes des deux groupes. Ma sélection des problèmes abordés est inspirée par les études de cas que j'ai présentées ci-dessus, qui décrivent les expériences de deux jeunes hommes : l'un ayant un handicap, et l'autre Afro-Américain. Dans la littérature, les obstacles notoires auxquels sont confrontés les deux groupes sont nombreux. Par conséquent, je ne vais pas me concentrer sur ce qui est déjà bien connu et discuté par les chercheurs. Je vise à apporter des contributions distinctes en me concentrant sur des questions qui se rapportent strictement aux études de cas présentées, bien que dans un sens large.

B. Obstacles pour les jeunes ayant des difficultés sociophysiologiques

i. Le dépistage et le suivi

L'un des principaux problèmes auxquels sont confrontés les jeunes avec des difficultés sociophysiologiques, comme Blade, et qui ont connu l'incarcération, est de bénéficier de l'accompagnement des services d'éducation spécialisée lorsqu'ils retournent dans les écoles relevant des communautés dont ils sont issus. Bien que Blade soit toujours incarcéré, il sera confronté à ces problèmes après sa sortie, certes en tant qu'adulte — ce qui rend son cas futur non pertinent ici.

D'un point de vue global, la détermination de l'éligibilité des jeunes délinquants anciennement incarcérés aux services d'éducation spécialisée est malheureusement un processus entaché de problèmes systémiques. Les États signalent une grande variation dans l'inscription des jeunes ex-détenus dans l'enseignement spécialisé.[220] Les systèmes incohérents d'étiquetage et de suivi des jeunes délinquants et de leurs homologues non impliqués dans un tribunal ou une détention expliquent en partie cette variabilité.

Jusqu'à récemment, en vertu de la loi fédérale, les districts scolaires et les États n'étaient pas tenus de suivre le placement des jeunes dans l'enseignement spécialisé, bien que les écoles suivent ce placement en fonction de la race, du sexe et du statut socio-économique depuis des décennies.[221] Les États doivent désormais compiler et communiquer les données relatives à l'inscription des jeunes dans l'enseignement spécialisé. Cependant, relativement peu d'États

---

220 McDermott, Elana R., Sara Anderson, et Jonathan F. Zaff. « Typologies du décrochage : Relier les profils de risque et de soutien à un réengagement éducatif ultérieur. » *Science appliquée du développement* (2017) : 1-16.

221 Flynn, Kylie Shawn. « Stabilité de l'admissibilité à l'éducation spécialisée de la maternelle à la troisième année ». (2017).

disposent de systèmes adéquats pour suivre les jeunes anciennement incarcérés.[222] Le suivi est crucial car il affecte la manière dont les législateurs et les autorités scolaires distribuent les fonds pour l'éducation spécialisée et les services de transition.

Il est en outre problématique que les éducateurs et les décideurs politiques appliquent des termes multiples, avec des définitions subtilement différentes, à tous les jeunes étudiants avec in/validités.[223] pour les données à grande échelle qui existent, il est difficile de déterminer si tous les placements et résultats des jeunes sont suivis.[224] Les écoles et autres entités éducatives utilisent l'étiquette de sous-groupe SWD (de l'anglais *Students With Dis/abilities*) pour décrire les jeunes qui manquent d'un certain nombre de compétences spécifiques, quelles que soient leurs expériences carcérales.

Une fois que les SWD obtiennent un résultat

---

222 *Ibid.*

223 Spooner, Fred, Bethany R. McKissick, et Victoria F. Knight. « Dresser l'état des lieux des pratiques fondées sur des données probantes chez les élèves atteints de handicaps sévères ». *Recherche et pratique pour les personnes atteintes de handicaps graves* 42, no 1 (2017) : 8-18.

224 Nilholm, Claes, et Kerstin Göransson. « Que signifie l'inclusion ? Une analyse des articles de revues européennes et nord-américaines à fort impact. » *Journal européen de l'éducation des personnes avec besoins particuliers* (2017) : 1-15.

satisfaisant à un test de compétence de l'État ou répondent à certaines normes dans leurs plans d'éducation individualisés (PEI), ils perdent leur désignation de SWD.[225] Cette pratique, ajoutée au fait que les États négligent largement de conserver des chiffres sur les jeunes anciennement incarcérés, complique le suivi des résultats scolaires du sous-groupe supposé délinquant, même dans les districts qui utilisent systématiquement la définition fédérale pour l'étiquetage et le placement internes des jeunes ayant des handicaps.

Un autre facteur de complication est que de nombreux jeunes anciennement détenus, avec ou sans handicap, sont également issus des minorités raciales ou sont des étudiants à faible statut socio-économique (SSE), ou les deux. Blade fait partie de cette catégorie. Minorités raciales et étudiants à faible statut socio-économique ont été historiquement surreprésentés dans l'éducation spécialisée.[226]

---

[225] Shogren, Karrie A., et Anthony J. Plotner. « Planification de la transition pour les étudiants présentant une déficience intellectuelle, un autisme ou d'autres handicaps : Données de l'étude longitudinale nationale sur la transition-2 », *Déficience intellectuelle et développementale* 50, no 1 (2012): 16-30.

[226] Shifrer, Dara, Chandra Muller et Rebecca Callahan. « Disproportionnalité : une perspective sociologique de l'identification par les écoles des étudiants avec difficultés d'apprentissage »· *Disability as a Fluid State*, pp. 279-308. Emerald Group Publishing Limited, 2010.

Bien qu'il n'ait pas été démontré que les jeunes ex-détenus avec des problèmes sociophysiologiques soient systématiquement surreprésentés, ils sont alternativement sous-représentés et surreprésentés à différentes étapes de la scolarité et dans différents systèmes scolaires.[227]

L'identification erronée des jeunes qui pourraient bénéficier de l'éducation spécialisée comporte des enjeux élevés pour les résultats scolaires des élèves comme Blade. Les jeunes délinquants qui sont inscrits de manière inappropriée dans un établissement d'éducation spécialisée sont confrontés à un risque documenté d'effets scolaires néfastes résultant de l'application erronée de l'étiquette d'éducation spécialisée.[228] Les jeunes qui auraient besoin de services d'éducation spécialisée, mais qui ne sont pas identifiés pour les recevoir, sont par ailleurs confrontés à des problèmes d'apprentissage qui s'aggravent avec chaque année supplémentaire passée sans diagnostic.

---

[227] Bullis, Michael, et Paul Yovanoff. « Plus semblables que différents ? Comparaison de jeunes anciennement incarcérés avec et sans handicap ». *Journal of Child and Family Studies* 14, no. 1 (2005) : 127-139.

[228] Alltucker, Kevin W., Michael Bullis, Daniel Close, et Paul Yovanoff. « Différentes voies vers la délinquance juvénile : Caractéristiques des départs précoces et tardifs dans un échantillon de jeunes précédemment incarcérés ». *Journal of Child and Family Studies* 15, no. 4 (2006) : 475-488.

ii. Obstacles administratifs

Les problèmes administratifs au niveau du district, de l'État et de l'administration fédérale, ainsi que les rouages de la filière école-prison, contribuent également à la disproportion de jeunes avec des problèmes sociophysiologiques dans les prisons et les établissements pénitentiaires.[229] Dans certains districts, les ex-détenus mineurs confrontés à des difficultés physiologiques ne peuvent faire partie que d'un seul sous-groupe à risque. Ils peuvent être étiquetés comme des étudiants ayant des handicaps (SWD) ou de jeunes délinquants, mais pas les deux.[230] Dans ces districts, les jeunes délinquants inscrits dans des services d'éducation spécialisée perdent souvent l'accès aux cours dont ils auraient besoin à cause de cette forme d'étiquetage ou d'une autre.[231]

L'inefficacité de l'enseignement est la plus grande préoccupation concernant les jeunes incarcérés rencontrant des problèmes sociophysiologiques. À l'échelle nationale, un enseignement de faible qualité domine les heures passées à l'école par

[229] Voir Barron, Lisa. *La pratique éclairée de la psychologie scolaire pour les jeunes jugés ayant besoin de services d'éducation spécialisée.* Université internationale Alliant, 2013.

[230] Voir National Research Council. *L'éducation pour tous : les étudiants ayant des handicaps et la réforme fondée sur les normes.* National Academies Press, 1997.

[231] *Ibid.*

ces jeunes.[232] Cette réalité persiste alors que les recherches indiquent qu'une éducation efficace et appropriée dans les domaines du contenu, associée à une instruction socio-émotionnelle, est un modèle plus efficace pour améliorer les résultats scolaires des jeunes détenus avec difficultés sociophysiologiques, qu'ils soient en transition ou non. [233]

C. Obstacles pour les jeunes Afro-Américains

i. L'incarcération intergénérationnelle et ses implications pour les mineurs Afro-Américains[234]

La relégation par la société américaine d'Harry

---

[232] Wagner, Mary, Krista Kutash, Albert J. Duchnowski, Michael H. Epstein, et W. Carl Sumi. « Les enfants et les jeunes que nous servons : Un tableau national des caractéristiques des élèves atteints de troubles émotionnels recevant un enseignement spécial ». *Journal of emotional and behavioral disorders* 13, no. 2 (2005) : 79-96.

[233] *Ibid.*

[234] Cela soulève la question suivante : y a-t-il une corrélation entre l'incarcération des parents et l'incarcération des jeunes ? Étant donné que d'autres recherches sont nécessaires pour étudier les répercussions de l'incarcération intergénérationnelle, les chercheurs peuvent-ils, à ce stade, déterminer si les jeunes dont les parents sont incarcérés courent un risque plus élevé de se retrouver dans des établissements de délinquance juvénile ? Pour répondre à cette question, les résultats de plusieurs études montrent que l'incarcération des parents peut faire pencher la balance pour certains jeunes, lorsqu'il s'agit d'être impliqué dans le système de délinquance juvénile. En

et d'autres jeunes Noirs anciennement incarcérés à ses marges — utilisant en partie le complexe carcéral-industriel[235] — est sans aucun doute un problème à plusieurs niveaux. Il y a trois ans, le sociologue de Yale, Christopher Wilderman, et la spécialiste de la justice pénale

---

explorant différentes perspectives fondées sur des théories, le chercheur Ross Parke expose diverses études qui examinent les facteurs développementaux et environnementaux contribuant à l'incarcération des jeunes. Parke explore la « dyade parent-enfant », les systèmes institutionnels, les réseaux familiaux et les facteurs culturels, avant d'aborder les conséquences à court et à long terme de l'incarcération des parents. L'idée maîtresse qui se dégage des recherches de Parke tourne autour du résumé des programmes de ses parents incarcérés, en concluant que si ces efforts d'intermédiation adaptés aux parents peuvent fonctionner, la taille restreinte des échantillons, le suivi inadéquat et l'incapacité à identifier méthodiquement les éléments efficaces de l'intervention posent des limites importantes. Parke, Ross D., et A. Clarke-Stewart. « Les effets de l'incarcération des parents sur les enfants : Perspectives, promesses et politiques ». *Prisonniers une fois relâchés* (2003) : 189-232. Les programmes d'intervention que Parke a analysés englobent les programmes de visites en prison, l'éducation des enfants en prison en s'appuyant sur les crèches des prisons, et les substituts à l'incarcération.

[235] Le complexe carcéral-industriel est « un réseau complexe de racisme, de contrôle social et de profit », impliquant « des agences gouvernementales avec des intérêts commerciaux qui cherchent à faire du profit en emprisonnant les pauvres et les personnes de couleur. » Sudbury, Julia. *Enfermement global : Race, genre, et complexe industriel-pénitentiaire*. Routledge, 2014 (citant Davis, Angela Y., et Cassandra Shaylor. « La race, le genre et le complexe industriel carcéral : la Californie et au-delà ». *Meridians* 2, no. 1 (2001) : 1-25).

de Rutgers, Sarah Wakefield, ont écrit un livre[236] expliquant pourquoi, bien qu'ils n'aient pas abordé le cas de Harry en particulier. Dans leur ouvrage, Wakefield et Wilderman ont testé leur hypothèse selon laquelle l'incarcération intergénérationnelle accentue les inégalités, en particulier pour les fils et les filles de pères noirs incarcérés.

À l'aide d'analyses empiriques portant sur les données d'enquête et les tendances des entretiens qualitatifs, ils ont trouvé de quoi soutenir l'idée que l'incarcération de masse a eu des conséquences profondément néfastes sur les descendants des personnes condamnées et purgeant une peine, en particulier les jeunes Afro-Américains. Certains jeunes font face à une surabondance de problèmes de santé et de problèmes annexes à la suite de l'incarcération de leurs parents. Des obstacles évolutifs notamment dus à une séparation traumatisante, à la stigmatisation, à l'isolement, aux fréquents changements de domicile et d'école, et à un faible niveau de revenus plus tard dans la vie.[237] Ces jeunes ont également tendance à vivre des épisodes traumatiques cumulés avant l'enfermement de leur parent.

---

[236] Wakefield, Sara, et Christopher Wildeman. *Les enfants du boom carcéral : L'incarcération de masse et l'avenir de l'inégalité américaine.* Oxford University Press, 2013.

[237] *Ibid*, p. 46 et 65.

On peut concevoir que les jeunes Noirs anciennement incarcérés, dont beaucoup ont également des parents incarcérés, se retrouvent vulnérables à un certain nombre de séquelles néfastes sur le plan du développement. Pour analyser cette hypothèse, David Farrington, psychocriminologue et lauréat du prix de Stockholm de criminologie, ainsi que ses collègues ont passé au crible les preuves empiriques concernant les liens de corrélation et de causalité existant entre un facteur déterminant, à savoir l'incarcération des parents, et quatre effets secondaires possibles. Ces effets étaient les suivants : (1) des comportements antisociaux futurs, (2) une toxicomanie et des abus de drogues, (3) l'échec scolaire, et (4) des problèmes de santé mentale.[238] Pour leur méta-analyse, Farrington et ses collègues se sont appuyés sur les résultats de quarante études, dont la taille des échantillons variait.

Les travaux de Farrington ont donné lieu à des résultats étonnants. Bien que ces résultats présentent un tableau mitigé, ils méritent d'être soulignés pour ouvrir la voie aux recherches futures. Les études les mieux conçues ont révélé que si l'incarcération d'un parent est liée à un

[238] Murray, Joseph, David P. Farrington, et Ivana Sekol. « Le comportement antisocial, la santé mentale, la consommation de drogues et les résultats scolaires des enfants après l'incarcération des parents : une revue systématique et une méta-analyse. » (2012).

risque légèrement plus élevé de comportement antisocial, elle n'a aucune relation statistique avec les problèmes de santé mentale, les mauvais résultats scolaires ou la toxicomanie.[239] Pour être clair, bien que les résultats de Farrington s'appliquent à tous les jeunes en général, ils peuvent notamment être appliqués aux jeunes ex-détenus afro-américains, car Farrington a utilisé un échantillon de taille mixte.[240]

ii. Identité et conscience raciale

La culture a toujours été fondamentale pour l'autonomisation et la libre expression de tous les individus, en particulier des jeunes. Pour certains mineurs noirs délinquants comme Harry, les facteurs culturels peuvent constituer un obstacle. Les obstacles post-incarcération dont Harry a fait l'expérience étaient liés à l'inaptitude culturelle, en particulier à sa perception qu'il ne

---

[239] *Ibid.*

[240] Les recherches qui tiennent compte de la conduite criminelle des parents ou de la conduite antisociale des enfants, avant l'incarcération des parents, montrent un risque supplémentaire d'environ 10 % pour la conduite antisociale. (Farrington, *supra*, note 96, p. 106) Malgré la force statistique de leurs résultats, ces études avaient des conceptions expérimentales médiocres. Il est donc nécessaire de procéder à des analyses longitudinales s'appuyant sur des plans en blocs aléatoires et d'autres techniques expérimentales plus précises que celles utilisées. Des conceptions expérimentales rigoureuses permettraient aux chercheurs de déterminer avec une grande précision les conséquences de l'incarcération intergénérationnelle.

s'intégrait pas dans la culture américaine en tant que fils d'immigrants.

Pendant des siècles, la race a joué un rôle crucial dans la délimitation des différences culturelles. On présumait que chaque race possédait une culture bien à elle, qui la distinguait des autres. Aujourd'hui, les Américains de toutes origines sont désireux d'adopter de nombreux aspects de la culture noire : des styles capillaires aux lignes de vêtements, des mouvements de danse aux formes vernaculaires d'argot, en passant par d'innombrables formes de musique populaire.[241] En effet, les attitudes culturelles noires ne sont pas seulement répandues. Elles sont régulièrement popularisées par les concerts, la publicité des entreprises et les grands magasins.[242] De nombreux chercheurs pensent que les différences culturelles se sont réduites, au point que la race est devenue accidentelle. Cela cause des difficultés particulières aux jeunes noirs anciennement incarcérés, lorsqu'ils tentent de se trouver et de se réintégrer dans leur communauté et leur culture.

---

[241] Levine, Lawrence W. *Culture noire et conscience noire : la pensée populaire afro-américaine de l'esclavage à la liberté*. Vol. 530. Oxford University Press, États-Unis, 1978.

[242] Voir Neal, Mark Anthony. *Ce qu'en a dit la musique : musique populaire noire et culture publique noire*. Routledge, 2013 ; *Kitwana, Bakari. Pourquoi les enfants blancs aiment le Hip Hop : Wankstas, Wiggas, Wannabes et la nouvelle réalité de la race aux États-Unis*. New York : Basic Civitas, 2005 : 2.

Le chroniqueur Dave Itzkoff avance l'argument selon lequel les Noirs, parmi lesquels des jeunes anciens détenus, ne peuvent plus revendiquer l'autorité exclusive sur l'orientation de leur culture. Par exemple, en ce qui concerne le hip-hop, partie intégrante de la culture noire, Itzkoff pense que : « C'est une pente glissante quand on avance l'argument que le hip-hop n'est que l'art des Noirs. Il est certain que ses origines sont dans cette communauté, mais si vous voulez que le hip-hop perdure… il faut laisser d'autres personnes s'en emparer ».[243] Cette forme de bouleversement culturel peut s'avérer problématique pour certains jeunes qui peuvent avoir plus de mal à se réintégrer dans leur communauté qu'ils ne l'auraient fait autrement. Ce fut particulièrement le cas pour Harry qui, avant son incarcération, était un artiste hip-hop amateur, avec un album produit par des professionnels.[244]

---

[243] Neal, supra, note 100, p. 23.

[244] Bien entendu, rares sont ceux qui ne partagent pas l'avis d'Itzkoff selon lequel de nombreux Blancs apprécient la culture noire. Pourtant, les jeunes Noirs anciennement incarcérés doivent se demander pourquoi les Américains continuent de rencontrer si peu d'expressions artistiques noires, ce qui peut donner aux jeunes Noirs le sentiment de ne pas être à leur place dans la société américaine. Même si la culture noire a atteint une présence normative dans le courant dominant, la mesure dans laquelle l'expérience noire est vue et entendue est assez insaisissable.

En s'adressant à la majorité des banlieusards blancs, le courant dominant de l'Amérique a été prêt à fétichiser la culture noire comme un produit de consommation de masse. Pourtant, ces manifestations culturelles s'intéressent rarement, voire jamais, à la description de l'expérience quotidienne des Afro-Américains, pour lesquels la culture est un mode de vie. Elles ne semblent pas non plus orientées vers l'amélioration de cette communauté, qui continue de subir des niveaux inacceptables de marginalisation et de racisme institutionnel. Cela montre que le courant dominant de l'Amérique, malgré les apparences de l'assimilation, reste attaché à la logique de la race. Alors même qu'il se complaît dans toutes les gratifications imaginables, il hésite encore à accepter une expression plus profonde de la négritude. Les jeunes ex-détenus noirs cherchant à réintégrer leur communauté ont du mal à définir leur culture et, par conséquent, leur identité.

Cette page a été volontairement laissée vierge

CHAPITRE VI

SOLUTIONS

Dans cette section, je m'intéresserai à la réinsertion sociétale, aux niveaux professionnel et social, des jeunes ex-incarcérés présentant des difficultés sociophysiologiques. Pour ce groupe, j'aborderai la réinsertion sociale avant de m'intéresser plus spécifiquement au retour à l'activité professionnelle. Ces solutions axées sur le plan social et professionnel visent à contrer les obstacles que les jeunes anciennement incarcérés ont rencontrés dans leurs efforts de socialisation et de redémarrage de leur carrière professionnelle. J'ai choisi de proposer des solutions sociales et professionnelles, car si la quasi-totalité des jeunes ex-détenus devront se socialiser et travailler pour gagner leur vie, certains d'entre eux décident d'abandonner leur parcours éducatif, compte tenu des obstacles systémiques qui ont contrarié leur progression scolaire. L'être humain est incontestablement un animal social. Enfin, il serait moins efficace de dépister et de proposer des solutions aux obstacles éducatifs, car les facteurs de causalité de l'absence de progrès éducatifs sont alambiqués et difficiles à cerner.

Concernant les jeunes anciens détenus d'origine afro-américaine, je propose des mesures de solution portant sur l'incarcération intergénérationnelle et les questions de développement identitaire. Ces mesures, qui correspondent aux obstacles soulevés ci-dessus, intègrent implicitement la deuxième étude de cas, en cherchant à mettre en évidence l'intérêt quasi-artistique de Harry pour l'application de concepts littéraires critiques à des fins politiques.

A. Solutions pour les jeunes rencontrant des difficultés sociophysiologiques

i. La réinsertion

1. Développement des compétences sociales

L'insertion sociale, ou la réinsertion, par opposition à l'exclusion, constitue la création et le maintien de relations avec les autres et forme la base de l'appartenance à une communauté. Le degré d'intégration sociale est défini, d'une part, par la qualité et la fréquence des relations établies avec les membres d'un groupe communautaire particulier et, d'autre part, par le sentiment respectif d'appartenance des individus à leur communauté. Un groupe est intégré lorsque ses membres se sentent liés les uns aux autres par des valeurs partagées, des objectifs communs et le sentiment de participer à un collectif constamment renforcé par des interactions régulières.[245] Si le processus d'exclusion est multiforme, le processus d'insertion doit être multidimensionnel et prendre en compte les besoins sociaux des personnes concernées.

Selon cette définition de l'intégration sociale, on peut voir que les jeunes délinquants avec des difficultés sociophysiologiques, peuvent facilement être intégrés dans la communauté pénale pendant leur incarcération. Il est possible, bien que difficile, pour les jeunes de maintenir un certain degré de connexion avec les autres détenus et les gardiens. De plus, il est facile de supposer qu'un groupe de prisonniers puisse partager des désirs et des rêves communs, ce qui est un facteur d'intégration.

Cependant, après leur incarcération, les jeunes ayant des difficultés sociophysiologiques sont confrontés à l'exclusion en raison du casier judiciaire qui les suit, mais aussi des préjugés de la société.[246] Les États devraient mettre

---

245 Berkman, Lisa F., Thomas Glass, Ian Brissette et Teresa E. Seeman. « De l'intégration sociale à la santé : Durkheim dans le nouveau millénaire ». *Social science & medicine* 51, no. 6 (2000) : 843-857.

246 Hirschfield, Paul J. « Le déclin de l'importance des étiquettes

en place des programmes qui permettent aux jeunes anciennement incarcérés d'établir de bonnes relations, de connaître les règles des comportements sociaux acceptables et d'être capables de s'adapter aux environnements en comprenant les signaux sociaux.

Pour les jeunes anciennement incarcérés, qui sont souvent très marginalisés, il est possible qu'ils aient des lacunes en matière de compétences sociales.[247] Les programmes conçus par des praticiens spécialisés dans ce domaine, tels que les psychiatres, les thérapeutes et les travailleurs sociaux, peuvent contribuer à l'amélioration des compétences sociales.

2. Formation aux compétences professionnelles

Dans une société fondamentalement structurée autour des rôles économiques, le continuum le plus intégrateur au cours duquel

---

de délinquance dans les communautés urbaines défavorisées ». *Sociological Forum*, vol. 23, no. 3, pp. 575-601. Blackwell Publishing Ltd, 2008.

[247] Rohde, Paul, Jenel S. Jorgensen, John R. Seeley, et David E. Mace. « Évaluation pilote du cours d'adaptation : Une intervention cognitivo-comportementale pour améliorer les capacités d'adaptation des jeunes incarcérés ». *Journal of the American Academy of Child & Adolescent Psychiatry* 43, no. 6 (2004) : 669-676.

s'opère la réintégration communautaire est le travail. Selon Freud, le travail est le lien le plus fort entre « l'homme et la réalité ».[248] Bien que cette citation date du XIXe siècle, elle est encore valable aujourd'hui, car les Américains se définissent très souvent par leurs activités professionnelles.

Les carrières contemporaines vont au-delà du simple fait de travailler. Au fond, elles consistent à entretenir des relations professionnelles et à s'engager dans des espaces dont le potentiel de lien social est significatif. Pour la plupart des gens, un emploi est une forme d'appartenance et un moyen de définir son statut financier et social.

Les États devraient mettre en place des programmes permettant aux jeunes ex-détenus rencontrant des difficultés sociophysiologiques de s'engager dans des activités qui nourrissent leurs ambitions professionnelles. Les traditionnels programmes de formation au travail seraient utiles dans ce domaine.[249] De tels programmes d'emploi permettraient

---

248 Jones, Ernest. « Sigmund Freud, vie et œuvre. Vol. 3 : La dernière phase ». (1959).

249 Bullis, Michael, Paul Yovanoff, et Emily Havel. « L'importance de bien commencer : un examen plus approfondi de la transition de l'établissement à la communauté des jeunes anciennement incarcérés ». *The Journal of Special Education* 38, no. 2 (2004): 80-94

non seulement aux jeunes de construire leur curriculum vitae, mais ils les aideraient également à créer des relations professionnelles qui faciliteraient l'obtention d'un emploi dans le futur.

La littérature concernant ce sujet est peu détaillée quant à ce que de tels programmes impliqueraient. Par expérience personnelle, lorsque j'ai fait du bénévolat à Access Living, j'ai vu des jeunes aux prises avec des difficultés sociophysiologiques bénéficier d'un programme leur permettant d'acquérir un certain nombre de compétences qui ont favorisé leur emploi dans des organismes partenaires. Pour les anciens jeunes incarcérés avec des difficultés sociophysiologiques et un casier judiciaire, il peut être extrêmement difficile de trouver un emploi. Des programmes comme celui-ci faciliteraient la réinsertion de ces jeunes.

B. Solutions pour les jeunes Afro-Américains concernant les questions d'identité et de conscience raciale

i. <u>Lutter contre les effets secondaires de l'incarcération intergénérationnelle</u>

Pour les jeunes ex-détenus noirs et en transition, de nombreux exemples exploratoires existent pour contrer les effets de l'incarcération intergénérationnelle. Alors qu'ils résidaient à Paris, d'éminents personnages noirs tels qu'Aimé Césaire et Léon Damas ont été marginalisés dans leurs tentatives répétées d'être inclus dans la société française. Pourtant, en faisant l'expérience de ce rejet, ces hommes ont été inspirés pour affirmer leurs propres identités raciales, utilisant la voix subjective de la poésie pour réhabiliter leur « négritude ». Bien que Césaire et Damas aient été des adultes, les jeunes peuvent apprendre beaucoup des difficultés qu'ils ont rencontrées. À bien des égards, les efforts créatifs de Césaire et de Damas ont précédé les travaux de Paulette Nardal, qui a été parmi les premières à explorer les représentations de la conscience noire.

En examinant les expressions de Césaire et de Damas, ainsi que le travail pionnier de Paulette Nardal, les jeunes ex-détenus Noirs en transition pourraient comprendre la conscience noire dans toute sa profondeur. Ce faisant, ils parviendraient à une meilleure compréhension de leur identité. Une telle compréhension aiderait à surmonter les effets de l'incarcération intergénérationnelle en renforçant l'autonomie des jeunes Noirs.

Grâce à une application de la théorie de l'intersectionnalité,[250] on peut postuler que les personnes marginalisées ont beaucoup à

[250] Voir, par exemple, Lykke, Nina. *Études féministes : Un guide de la théorie, de la méthodologie et de l'écriture intersectionnelles. Routledge, 2010.*

apprendre les unes des autres, en particulier lorsqu'elles sont mises à l'épreuve.[251] Les mineurs noirs anciennement incarcérés, en cherchant à se réinsérer dans la société, sont confrontés à un test crucial exigeant une prise de conscience de l'identité et du positionnement socio-économique.

La conscience raciale, en particulier dans son apport d'un sentiment collectif d'identité, permettrait de résoudre certains des problèmes liés à l'incarcération intergénérationnelle, car elle pourrait engendrer une révolte sociale. De nombreux jeunes anciens détenus Noirs ont expliqué qu'ils manquaient de modèles vers lesquels se tourner pour trouver des exemples de réussite.[252] Acquérir des sources d'inspiration auprès d'adultes noirs ayant atteint de grands sommets pourrait constituer un exemple utile.

ii. **Développement de l'identité**

Les œuvres littéraires qui ont fait partie de la Renaissance de Harlem, dans les années 1930, aux États-Unis, ont contribué à créer une nouvelle conscience chez les Noirs. Ce mouvement littéraire et d'autres mouvements

---

[251] O'Sullivan, Edmund. « L'apprentissage transformateur ». *Educational Vision for the* 2, no. 1 (1999).

[252] Assibey-Mensah, George O. « Modèles de rôle et développement des jeunes : preuves et leçons tirées des perceptions de jeunes hommes afro-américains ». *The Western Journal of Black Studies* 21, no. 4 (1997): 242.

intellectuels notables dirigés par des Noirs tout au long de l'histoire américaine, peuvent inspirer les jeunes anciennement incarcérés, s'ils sont restructurés pour répondre aux besoins des jeunes Noirs anciennement incarcérés.

Au cours du XXe siècle, le moment était venu de dévoiler l'authenticité et la richesse existentielle de la « conscience noire », un projet qui s'est d'abord concrétisé à travers les réflexions de Paulette Nardal.[253] Les jeunes délinquants peuvent suivre les traces de Nardal.

Parce qu'ils sont majoritairement noirs, les jeunes délinquants, avec ou sans handicap, peuvent diffuser des messages sur leur communauté dans la poursuite de buts comparables. Dans un autre contexte, alors qu'elle vivait en Martinique, Paulette et sa sœur organisaient des réunions dominicales qui proposaient une bibliothèque d'ouvrages francophones et Afro-Américains à leurs pairs.[254] Si les programmes de transition pour les jeunes délinquants créaient, par exemple, des centres permettant aux jeunes noirs de s'engager dans une activité similaire, ces

[253] Sharpley-Whiting, Tracy Denean. « Paulette Nardal, Conscience de la race, et lettres antillaises ». *The Quest for Community and Identity : Critical Essays in Africana Social Philosophy* (2002) : 143.

[254] Wilder, Gary. L'État-nation impérial français : Négritude et humanisme colonial dans l'entre-deux-guerres. Chicago : Université de Chicago, 2005 : 174

jeunes réussiraient mieux à se réinsérer dans la société.[255]

[255] En cherchant à apporter des changements dans les expériences de transition des jeunes incarcérés rencontrant des difficultés sociophysiologiques, les écrits de Langston Hughes sont particulièrement importants Ils peuvent susciter chez les jeunes délinquants le désir de comprendre la culture noire dans toutes ses dimensions, et la manière dont cette culture pourrait affecter leur intégrité émotionnelle, sociale et artistique en tant qu'êtres humains noirs et bruns. En lisant les écrits de Langton, les jeunes délinquants peuvent découvrir les nombreuses façons dont la culture noire a nourri leur propre conscience, et comment cette culture a toujours été l'équivalent d'une sorte d'identité pour eux.

CHAPITRE VII

FACILITER LES TRANSITIONS DES JEUNES À TRAVERS DES RÉFORMES JURIDIQUES

Trois tensions persistantes compliquent la mise en place de mesures capables d'améliorer les expériences de réinsertion des jeunes avec difficultés sociophysiologiques et ceux d'origine afro-américaine. Premièrement, les pratiques dans les établissements de délinquance juvénile sont en constante évolution. Deuxièmement, il y a le défi de développer des alternatives à l'incarcération qui aient la capacité de rendre les communautés sûres, sans accroître la taille de ce que l'on appelle l'État pénal, c'est-à-dire les avocats et les juges, le personnel chargé de l'application de la loi, les responsables des prisons et les autres institutions qui agissent ensemble pour incarcérer les jeunes. Enfin, il est nécessaire de s'attaquer à la violence interpersonnelle tout en mettant au premier plan les intérêts des jeunes avec difficultés sociophysiologiques et ceux d'origine afro-américaine.

Dans cette section, j'aborderai un nombre limité de mesures de réforme conçues pour bénéficier aux jeunes anciennement incarcérés présentant des difficultés sociophysiologiques et aux jeunes Afro-Américains. Par la suite, je décrirai un certain nombre de mesures qui ne sont pas particulièrement adaptées à l'un ou l'autre de ces groupes, mais destinées à bénéficier à tous leurs membres, et au-delà.

A. Jeunes avec difficultés sociophysiologiques

i. Empêcher la mise à l'écart des protections de l'éducation spécialisée

La loi fédérale exige que les écoles éduquent les jeunes anciennement incarcérés ayant des handicaps dans des salles de classe leur permettant d'apprendre avec leurs pairs qui n'ont pas de handicaps, de la façon la plus appropriée. Parfois, cependant, les systèmes d'éducation de l'État et de l'administration fédérale ne tiennent pas compte des besoins de ces jeunes et leur offrent une éducation non conforme aux dispositions de la législation de l'État et de l'administration fédérale, ce qui conduit ces étudiants à faire des progrès insuffisants dans leur carrière scolaire, et plus tard dans leur profession. Pour les jeunes ayant des handicaps qui ont été incarcérés, les progrès scolaires peuvent être marginaux et, dans certains cas, totalement inaccessibles. Cet état de choses se vérifie, bien que la loi fédérale garantisse à ces personnes une « éducation gratuite et appropriée » jusqu'à l'âge de 21 ans, comme expliqué ci-dessous.

Par le biais de l'une de ses sous-sections, à savoir la partie B, l'*Individuals with Disabilities Education Act* (IDEA), une loi promulguée par le Congrès en 1990, impose des limites légales aux actions des agences éducatives de l'État et des organisations à but non lucratif dans l'éducation de ces mineurs.[256] Parmi les entités organisationnelles concernées, figurent les prisons et les centres de détention. Selon le ministère américain de l'Éducation, « en l'absence d'exception spécifique, toutes les protections de l'IDEA s'appliquent aux jeunes en situation d'étudiants ayant des handicaps dans les établissements correctionnels et à leurs parents. »[257] Les jeunes présentant des difficultés sociophysiologiques dans les établissements pour délinquants bénéficient de la protection de deux autres lois fédérales : la section 504 du *Rehabilitation Act* de 1973, qui interdit la discrimination fondée sur le handicap dans les programmes des entités acceptant une aide financière fédérale[258] ; le titre II de l'*Americans with Disabilities Act* de 1990, qui interdit la discrimination fondée sur le handicap par les

[256] Département de l'éducation des États-Unis. Bureau de l'éducation spéciale et des services de réadaptation. 5 décembre 2014. Consulté le 12 mai 2017. https://www2.ed.gov/policy/gen/guid/correctional-education/idea-letter.pdf.

[257] *Ibid.*, p. 1

[258] 29 U.S.C. § 794, 34 CFR partie 104.

entités publiques, telles que les écoles publiques et les établissements de délinquance juvénile, même si elles ne bénéficient pas d'une aide financière fédérale.[259]

Le ministère étaye cette affirmation en expliquant que le soutien de l'offre d'une éducation de premier ordre pour les jeunes vulnérables peut être bénéfique à la société américaine sur le plan socio-économique, et ce de plusieurs manières. Le fait d'aider les jeunes en difficulté dans leur quête de réussite scolaire contribue à enrichir les perspectives d'emploi et de vie de ces personnes. L'incarcération passée ou actuelle des étudiants ne les prive en aucun cas des droits substantiels, des garanties procédurales et des recours que l'IDEA accorde aux étudiants ayant des handicaps et à leurs tuteurs légaux. Le ministère de l'Éducation devrait ainsi poursuivre les programmes d'application des règles de mise en œuvre afin de s'assurer que les protections de l'éducation spéciale ne sont pas éludées.

B. Jeunes Afro-Américains

i. S'attaquer aux disproportions dans les renvois de délinquance juvénile directement fondés sur la race

Les avocats et autres défenseurs s'efforçant de combler les écarts raciaux dans le système de délinquance juvénile, doivent envisager la

[259] 42 U.S.C. §§12131-12134, 28 CFR partie 35.

possibilité de s'appuyer sur la loi de 1974 sur la justice juvénile et la prévention de la délinquance (JJDPA), une loi fédérale grâce à laquelle les États respectant nombre de protections fédérales peuvent obtenir des fonds pour la prise en charge et le traitement des jeunes dans le système de délinquance juvénile.[260]

À l'heure actuelle, cette loi ne prévoit pas de droit d'action privé, ni d'autre moyen d'application significatif.[261] Néanmoins, l'Acte persiste en tant que dispositif essentiel pour céder l'accès à l'information concernant la représentation disproportionnée des minorités[262], compte tenu du fait que les données peuvent être utilisées pour étayer les plaintes pour discrimination raciale au niveau du système.

---

260 P. L. 93-415, 42 U.S.C. 5601 *et seq.*

261 Tulman, Joseph B., et Douglas M. Weck. « Mettre fin à la filière école-prison pour les délinquants statutaires souffrant de handicaps liés à l'éducation ». *NYL Sch. L. Rev.* 54 (2009) : 875 ; Gonzalez, Thalia. « Garder les enfants dans les écoles : La justice réparatrice, la discipline punitive, et le pipeline école-prison. » *JL & Educ.* 41 (2012) : 281.

262 Huizinga, David, Terrence Thornberry, Kelly Knight, Peter Lovegrove, Rolf Loeber, Karl Hill, et David P. Farrington.« Le contact disproportionné des minorités dans le système de justice pour mineurs : une étude de la différence entre les arrestations et les renvois au tribunal des minorités dans trois villes. ». *Washington DC : Office of Juvenile Justice and Delinquency Prevention* (2007).

C. Mesures de réformes générales

i. Supprimer en premier lieu les incitations à la délinquance chez les jeunes

D'innombrables jeunes hommes et femmes qui se retrouvent derrière les barreaux ont vu des adultes et des professionnels négliger leurs besoins psychosociaux et la société ignorer, en partie ou en totalité, leur bien-être socio-économique. Si une prévention ou une intervention précoce efficace était offerte à ne serait-ce que 10 % des jeunes délinquants, des millions de dollars consacrés à l'incarcération pourraient être économisés chaque année. Bien que les investissements institutionnels dans la prévention et l'intervention précoce aient quelque peu augmenté au cours des dernières décennies, [263] les pressions exercées pour obtenir des résultats à court terme réduisent souvent ces investissements. Des programmes de prévention et d'intervention précoces, ciblés et bien gérés peuvent porter leurs fruits s'ils sont bien coordonnés à l'échelle nationale et locale.

Les institutions traditionnelles, y compris les écoles primaires et secondaires et les organisations de services de santé, devraient s'impliquer davantage dans la prévention de la délinquance juvénile violente en expérimentant

[263] Meisels, Samuel J., et Jack P. Shonkoff. « L'intervention auprès de la petite enfance : une évolution continue ». *Handbook of early childhood intervention* 2 (2000) : 3-31.

différentes mesures de prévention et d'intervention. Parmi ces modèles, on trouve le modèle de développement social proposé par le professeur titulaire de la chaire de prévention J. David Hawkins, et le criminologue Joseph Weis.[264]

ii. Se concentrer sur les jeunes récidivistes violents

Bien que les jeunes récidivistes violents soient ceux qui inquiètent le plus les Américains, un trop grand nombre d'infractions liées au statut sont portées devant les tribunaux. [265] Pour permettre au personnel des tribunaux et aux organisations de soutien social d'avoir plus de temps et de ressources pour traiter et prévenir les actions des jeunes délinquants violents et récidivistes, les États et les communautés devraient traiter les infractions liées au statut en dehors des tribunaux, en utilisant des pratiques de justice réparatrice.[266]

---

[264] Hawkins, J. David, et Joseph G. Weis. « Le modèle de développement social : An integrated approach to delinquency prevention ». The Journal of Primary Prevention 6, no. 2 (1985) : 73-97.

[265] Barrett, David E., Antonis Katsiyannis, et Dalun Zhang. « Prédicteurs de la gravité des infractions, des poursuites, de l'incarcération et des infractions répétées chez les délinquants adolescents et adolescentes ». *Journal of Child and Family Studies* 15, no. 6 (2006): 708-718.

[266] Bonta, James, Suzanne Wallace-Capretta, Jennifer Rooney,

D'une certaine manière, certaines communautés et juridictions appliquent déjà cette recommandation en s'appuyant sur des programmes de déjudiciarisation des jeunes qui sont des alternatives au traitement formel des jeunes dans le système de délinquance juvénile.[267] Ces programmes visent à détourner les jeunes délinquants du système de délinquance juvénile par le biais de la planification, de la supervision et de l'accès aux aides sociales. Dans une veine réformatrice, davantage de juridictions devraient adopter le modèle de déjudiciarisation des jeunes délinquants pour les délits de statut, tout en renvoyant ceux qui sont à risque de commettre des actes de violence vers des panels de jeunes délinquants. Dans ce contexte, les renvois seraient effectués pour des périodes fixes et les tribunaux auraient le pouvoir de réexaminer systématiquement les cas particuliers, en modulant les peines pour faire face à des circonstances flagrantes.

---

et Kevin Mcanoy. « Une évaluation des résultats d'une alternative de justice réparatrice à l'incarcération ». *Contemporary Justice Review* 5, no. 4 (2002): 319-338.

267 Wilson, Holly A., et Robert D. Hoge. « L'effet des programmes de déjudiciarisation pour les jeunes sur la récidive : Une revue méta-analytique ». *Justice pénale et comportement* 40, no. 5 (2013): 497-518.

iii. Rendre la réhabilitation des jeunes plus rentable et plus transparente

Certaines peines conduisent à de meilleurs résultats et sont littéralement moins coûteuses que d'autres, en termes de frais qui leur sont associés.[268] L'incarcération est la peine la plus coûteuse, mais aussi la moins efficace.[269] Certaines juridictions ont introduit des programmes de probation avec surveillance intensive (ISPP) pour renforcer les alternatives à l'incarcération dans la communauté et maintenir les jeunes délinquants récidivistes dans leur foyer et dans des programmes scolaires, de formation ou d'emploi. [270] La majorité des jeunes délinquants récidivistes qui pourraient autrement se retrouver derrière les barreaux, devraient plutôt être placés dans un ISPP.[271] Les

---

[268] Olson, David E., et Gerard F. Ramker. « Le crime ne paie pas, mais les criminels oui : Facteurs influençant l'imposition et la perception des frais de probation ». *The Justice System Journal* (2001) : 29-46.

[269] Broadhurst, Roderic G., et Ross A. Mailer. « La récidive des prisonniers libérés pour la première fois : Reconsidérer la question de l'efficacité ». *Australian & New Zealand Journal of Criminology* 23, no. 2 (1990): 88-104.

[270] Paparozzi, Mario A., et Paul Gendreau. « Un programme de supervision intensive qui a fonctionné : Prestation de services, orientation professionnelle et soutien organisationnel ». *The Prison Journal* 85, no. 4 (2005): 445-466.

[271] Petersilia, Joan, et Susan Turner. « Évaluation de la probation/libération conditionnelle avec surveillance intensive : résultats

efforts actuels visant à réduire les engagements en matière d'incarcération doivent mettre l'accent sur la nécessité d'accroître la confiance des juges dans les programmes communautaires ; de donner plus de feedback aux régions à forte incarcération concernant les coûts, monétaires et autres, et l'efficacité des alternatives de garde communautaires ; et de sensibiliser le public à la criminalité des jeunes et aux résultats de l'incarcération des jeunes délinquants.

iv. Apporter des modifications aux lois sur la délinquance juvénile afin d'empêcher le partage des dossiers des mineurs avec le grand public et adopter des définitions de scellés complets

Certaines lois d'État permettent un partage libéral des dossiers de délinquance juvénile, sanctionnant parfois les divulgations publiques.[272] Avec l'élargissement des limites légales de partage, le risque de diffusion d'informations préjudiciables et illégales concernant des jeunes anciennement incarcérés qui tentent de se réinsérer dans la société augmente. L'accès aux dossiers de délinquance juvénile devrait être

d'une expérience nationale ». (1993).

[272] Blankley, Kristen M. « Les documents publics sont-ils trop publics ? Pourquoi les informations permettant d'identifier une personne devraient être supprimées des versions en ligne et imprimées des documents judiciaires ? ». *Ohio St. LJ* 65 (2004) : 413.

limité aux parties ayant un besoin indispensable d'informations liées à la criminalité. Pour atteindre cet objectif, les États devraient se débarrasser de toutes les dispositions légales qui donnent à certains membres du grand public des droits sur les informations relatives à la délinquance juvénile.

Pour une meilleure protection et une plus grande simplicité vis-à-vis des dossiers de délinquance juvénile, les législateurs devraient modifier les lois pertinentes (par exemple, la loi sur les tribunaux pour mineurs de l'Illinois) afin d'insérer des définitions complètes des scellés dans leurs dispositions relatives à la confidentialité.[273] Ces définitions doivent préciser que les dossiers de délinquance juvénile sont scellés, sauf si des dispositions légales prévoient le contraire, et restent scellés une fois les jeunes délinquants devenus adultes. Ces définitions doivent également stipuler que les dossiers scellés ne peuvent être divulgués en dehors des limites prévues par la loi, et qu'ils ne peuvent l'être qu'avec l'accord des tribunaux pour mineurs, une fois que les requérants ont démontré que leur utilisation est nécessaire.

---

[273] Gough, Aidan R. « La radiation des casiers judiciaires des délinquants juvéniles et adultes : un problème de statut ». *Wash. ULQ* (1966) : 147.

v. Combler les lacunes qui empêchent les dossiers de délinquance juvénile de bénéficier des dispositions de confidentialité garanties par les lois de l'État

Les mesures de protection de la confidentialité prévues par les lois pertinentes de l'État devraient s'appliquer aux dossiers relatifs aux violations des ordonnances municipales, c'est-à-dire aux lois adoptées par les collectivités locales. Cette modification mineure permettrait de combler les lacunes qui rendent des millions de dossiers de mineurs accessibles au public, notamment aux employeurs, aux établissements d'enseignement et aux éventuels propriétaires fonciers.

En outre, tous les États devraient mettre en place un moyen de supprimer les dossiers de délinquance juvénile des banques de données du *Federal Bureau of Investigation* (FBI).[274] Des millions de dossiers de délinquance juvénile sont stockés dans les bases de données du FBI, accessibles à certaines entités organisationnelles.[275] La plupart de ces dossiers

[274] Jacobs, James, et Tamara Crepet. « La portée, l'utilisation et la disponibilité croissantes des casiers judiciaires ». *NYUJ Legis. & Pub. Pol'y 11* (2007) : 177.

[275] Jacobs, James, et Tamara Crepet. « La portée, l'utilisation et la disponibilité croissantes des casiers judiciaires ». *NYUJ Legis. & Pub. Pol'y 11* (2007) : 177.

de délinquance sont liés à des délits non violents, et beaucoup sont issus d'arrestations qui n'ont jamais été portées devant les tribunaux.[276]

Les dossiers du FBI ne font pas de distinction entre les crimes commis par des adultes et ceux commis par des mineurs. Pire encore, les informations relatives aux arrestations qui n'ont pas abouti à une inculpation sont rarement enregistrées dans les bases de données du FBI. Compte tenu de ces données limitées, les éventuels employeurs et d'autres pourraient penser que les informations enregistrées par le FBI concernent des adultes et des personnes qui ont été réellement inculpées. L'élimination de ces dossiers de délinquance juvénile des bases de données du FBI soulagerait des millions de jeunes hommes et femmes. En tant que tel, un mécanisme permettant d'atteindre cet objectif devrait être conçu et mis en pratique sans délai.

vi. Préciser les sanctions et établir les causes d'action pour la divulgation illégale des dossiers de délinquance juvénile

En l'absence de sanctions légales en cas de divulgation illicite d'informations sur la délinquance juvénile, les organisations n'ont pratiquement aucune raison de respecter les protections de la confidentialité prévues par les

[276] *Ibid.*

lois des États concernés. Conformément aux efforts de seize États, à la loi type régissant la confidentialité et à la suppression des dossiers de délinquance juvénile (ci-après dénommée « loi type ») élaborée par l'American Bar Association (ABA), trente-quatre États devraient imposer des sanctions pour le partage illicite de dossiers, en classant cette activité comme un délit et en imposant une amende.[277] En outre, tous les États devraient inventer une cause d'action pouvant être poursuivie devant un tribunal civil afin de permettre aux personnes lésées de réclamer et de récupérer des dommages et intérêts auprès des personnes ou des institutions qui dévoilent de manière criminelle des informations confidentielles. Ces dispositions permettraient d'offrir une certaine réparation aux personnes auxquelles ce partage interdit a porté préjudice et décourageraient le partage.

vii. Éliminer les frais que les États exigent pour la radiation

Les jeunes qui ont fait l'expérience du système de délinquance juvénile sont pour la plupart issus de milieux défavorisés. En conséquence, les frais peuvent constituer un obstacle majeur à la

[277] Illinois Juvenile Justice Commission. « Un fardeau pour la vie : Le mythe de la confidentialité et de l'effacement des dossiers des mineurs dans l'Illinois. » Consulté le 12 mai 2017.

http://www.law.northwestern.edu/legalclinic/cfjc/documents/Commission-Report-4-27-16-web.pdf radiation.[278] Les frais d'expurgation des mineurs, qui atteignent des centaines de dollars même pour les jeunes qui n'ont jamais été inculpés, peuvent s'avérer difficiles à payer étant donné la difficulté à trouver un emploi pour les jeunes avec casier judiciaire.

Bien que des dispenses de frais existent dans certaines juridictions, les personnes qui en ont le plus besoin ne les obtiennent pas.[279] Malgré le caractère onéreux de ces frais et d'autres problèmes associés, les recettes que les organismes gouvernementaux tirent de ces frais sont minuscules. La restructuration du processus d'expurgation pourrait augmenter ces revenus.[280] En s'inspirant des recommandations de l'ABA, adoptées par dix-sept États, pour interdire les frais d'inculpation et d'expurgation, les trente-trois États restants devraient se débarrasser des dépenses liées au processus de radiation pour les jeunes.[281]

---

278 Shlosberg, Amy, Evan J. Mandery, Valerie West et Bennett Callaghan. « La radiation et la délinquance post-expurgation ». *J. Crim. L. & Criminology* 104 (2014) : 353.

279 Litwok, Daniel. « Avez-vous déjà été condamné pour un crime ? Les effets de la radiation des mineurs sur la criminalité, l'éducation et le marché du travail ». Thèse de doctorat non publiée. Michigan State University, East Lansing (2014).

280 Roberts, Jenny.« Expurger le casier judiciaire de l'Amérique à l'ère de l'information ». (2015).

281 Pager, Devah. « Une politique fondée sur des données probantes pour une réinsertion réussie des détenus ».

viii. Sensibiliser les forces de l'ordre et les bureaux de greffiers à la manière dont ils peuvent améliorer leur conformité aux lois sur la radiation des mineurs

Les greffiers et le personnel des forces de l'ordre chargés de superviser les processus de radiation pour les jeunes ont trop souvent peu idée des lois de radiation de l'État ou des devoirs que les législateurs leur imposent.[282] Ils négligent fréquemment d'informer les jeunes hommes et femmes des possibilités de radiation et propagent parfois de fausses idées parmi les jeunes.[283] Les entités institutionnelles jouissant de mandats d'application de la loi et les greffes des tribunaux devraient recevoir une formation et un enseignement supplémentaires concernant le processus de radiation des mineurs.[284] Cela permettrait aux jeunes d'approfondir leur compréhension de ces questions et faciliterait le respect de leurs obligations. Ces programmes d'éducation ou de formation devraient mettre l'accent sur les étapes procédurales requises pour

---

Criminologie et politique publique 5, no. 3 (2006): 505-514.

[282] Myrick, Amy. « Faire face à son casier judiciaire : L'effacement et le problème collatéral de la représentation erronée de soi » *Law & Society Review* 47, no. 1 (2013) : 73-104.

[283] Sholsberg, Amy, Evan Mandery, et Valerie West. « Le mythe de la radiation ». *Alb. L. Rev.* 75 (2011) : 1229.

[284] Franklin, Marc A., et Diane Johnsen. « L'effacement des casiers judiciaires : Dissimulation et malhonnêteté dans une société ouverte ». *Hofstra L. Rev.* 9 (1980) : 733.

obtenir la radiation et souligner les avantages de celle-ci.

Cette page a été volontairement laissée vierge

CHAPITRE VIII

CONCLUSION

Pour que les efforts de réadaptation et de réinsertion sociale soient fructueux, il faut tenir compte des besoins de tous les jeunes ayant des difficultés sociophysiologiques en général, et pas seulement des jeunes ayant des difficultés sociophysiologiques et de ceux d'origine afro-américaine. La plupart, si ce n'est la totalité, des jeunes qui entrent dans les établissements de délinquance juvénile possèdent un ensemble varié de besoins, qui relèvent en général des domaines de l'éducation, de la socialisation et de la formation professionnelle. Depuis au moins les années 1990[285] les universitaires ont documenté les taux élevés de troubles du comportement et de l'apprentissage chez les jeunes incarcérés. La souffrance commune entraînée par ces troubles chez les jeunes derrière les barreaux a poussé certains universitaires à

[285] Moffitt, T. E. (1990). Délinquance juvénile et trouble déficitaire de l'attention : trajectoires de développement des garçons de 3 à 15 ans. *Child Development*, 61, 893-910.

assimiler les établissements anti-délinquance juvénile à une voie par défaut pour certains jeunes avec des difficultés sociophysiologiques et ayant connu l'échec scolaire.[286] Alors que les taux d'incarcération de tous les jeunes ont diminué au cours de la dernière décennie, le pourcentage de jeunes noirs dans les prisons a augmenté, ce qui soulève la question de l'équité et de l'influence des préjugés sur la façon dont l'Amérique punit ceux qui ont violé ses lois.

Un certain nombre d'universitaires ont retracé la forte proportion de jeunes présentant des difficultés sociophysiologiques et de jeunes d'origine afro-américaine enfermés dans les établissements correctionnels américains.[287] Qui plus est, les résultats empiriques d'une étude méta-analytique menée par l'Urban Institute confirment ce que de nombreux critiques du système de justice pénale américain soupçonnaient déjà, et ce que cet article a déjà évoqué, à savoir que la plupart des personnes purgeant une peine dans les prisons américaines, jeunes et moins jeunes, souffrent de problèmes de santé comportementale et/ou sont membres de groupes raciaux minoritaires.

---

[286] Nelson, C. M. (2000). Éduquer les étudiants avec des troubles émotionnels et comportementaux au XXIe siècle : regarder par les fenêtres, ouvrir les portes. *Education and Treatment of Children*, 23, 204 -222.

[287] Christle, Christine A., Kristine Jolivette, et C. Michael Nelson. « Briser le pipeline de l'école à la prison : identifier les facteurs de risque et de protection de l'école pour les jeunes délinquants ». *Exceptionality* 13, no. 2 (2005): 69-88.

Nepastenircomptedesdifficultéssociophysiologiques et ne pas veiller à ce que la justice soit exempte de préjugés à l'intérieur et à l'extérieur des établissements de délinquance juvénile, favorise la relation cyclique existant entre les crimes commis par les mineurs et la récidive. Chaque année, par le biais des arrestations, le système de justice pénale du pays avale à nouveau au moins 9 % des jeunes hommes âgés de 10 à 17 ans.[288] Plus urgent encore est le fait qu'*a minima* un jeune sur trois parmi les jeunes arrêtés et incarcérés est confronté à une difficulté sociophysiologique, englobant les troubles émotionnels, les difficultés d'apprentissage et d'autres conditions.[289] De même, comme indiqué précédemment, environ un tiers des arrestations concernent des jeunes Afro-Américains. Lorsque ces jeunes hommes et femmes se retrouvent derrière les barreaux, certains y restent et deviennent des détenus adultes, tandis que d'autres sortent après des peines plus ou moins longues et cherchent à commencer une nouvelle vie.

Ce travail a abordé certaines des difficultés auxquelles les jeunes anciennement détenus ont été confrontés,

---

[288] Dans de nombreuses zones métropolitaines, par exemple à Chicago, le taux est probablement plus élevé. Voir Office of Juvenile Justice and Delinquency Prevention. « OJJDP Statistical Briefing Book«. Washington, DC : U.S. Department of Justice (2009). Consulté le 12 mai 2017. (http://www.ojjdp.gov/ojstatbb/crime/JAR_Display.asp?ID=qa05230).

[289] Quinn, Mary Magee, Robert B. Rutherford, Peter E. Leone, David M. Osher et Jeffrey M. Poirier. « Les jeunes ayant des handicaps dans les prisons pour mineurs : une enquête nationale ». *Exceptional Children* 71, no. 3 (2005): 339-345

en analysant de multiples questions liées à la transition entre les établissements pour mineurs et la société en général. J'ai proposé un certain nombre de solutions et de mesures de réforme susceptibles de faciliter la réinsertion des jeunes. Avant cela, j'ai présenté l'objectif principal de l'article, exposé la méthodologie à suivre, passé en revue les travaux les plus pertinents de la littérature sur le sujet, fourni des informations de base comprenant un certain nombre d'études de cas, et examiné un nombre limité d'obstacles à la réinsertion. Les recherches futures devraient s'orienter vers l'utilisation de méthodes quantitatives pour évaluer les mérites de mes recommandations.

ANNEXES

Cette page a été volontairement laissée vierge

RAPPORTS TRANSPARENTS D'ÉVALUATION PAR LES PAIRS

Cette page a été volontairement laissée vierge

Rapport d'évaluation par les pairs de l'avocate Mariane Trevisan

i. Introduction

Tout d'abord, j'aimerais me présenter en tant qu'experte sur le sujet. Je m'appelle Mariane Trevisan, je suis licenciée en droit et avocate, spécialisée en droit international par la faculté de droit brésilienne, avec une expérience professionnelle et plusieurs articles publiés sur les droits de l'homme et le droit international. Pendant mes études de premier cycle, j'ai travaillé dans plusieurs organismes publics, le plus pertinent pour cette recherche étant mon stage au Bureau du défenseur public de l'État de São Paulo, où j'ai travaillé en tant que stagiaire dans le domaine de l'application des lois pénales. En outre, en 2022, un article sur les droits de l'homme a été approuvé et présenté à l'Université Complutense de Madrid, en Espagne. Je parle couramment le portugais et l'anglais, ainsi que l'espagnol et le français à un niveau avancé.

Le présent projet démontre sa pertinence dès le titre, suscitant une curiosité latente chez le lecteur quant aux conclusions tirées. La pertinence du thème est d'analyser l'incarcération des jeunes d'un autre point de vue : d'un point de vue social et humanitaire, en se concentrant sur les problèmes rencontrés par les jeunes souffrant de handicaps socio-physiologiques (pas seulement au sens du handicap au sens strict) et par les jeunes issus des communautés afro- américaines.

J'ouvrirai ici une parenthèse pour féliciter l'auteur d'avoir utilisé la bonne nomenclature pour les personnes handicapées, telle que définie par la Convention des Nations Unies sur les droits des personnes handicapées, approuvée par l'Assemblée générale des Nations Unies le 13 décembre 2006[290]. Il peut sembler simple ou trivial d'utiliser la bonne nomenclature, mais ce n'est pas le cas. Ce processus de reconnaissance et de dénomination correcte d'un groupe de personnes qui sont des minorités marginalisées dans la société reconnaît et renforce le principe fondamental du droit international des droits humains, à savoir la dignité de la personne humaine, et contribue à placer ces personnes sur un pied d'égalité avec tous les autres citoyens en tant que sujets de droits dans une société.

---

[290]Disponible sur https://www.unicef.org/brazil/convencao-sobre-os-direitos-das-pessoas-com-deficiencia.

L'évaluation par les pairs que je rédige sera basée sur deux aspects principaux :

(1) la substance du travail, en faisant quelques remarques sur les améliorations possibles qui aideraient à donner au projet une plus grande base scientifique et juridique et (2) la qualité de sa traduction de l'anglais vers le français.

ii. Développement

Les points importants du texte qui méritent d'être appréciés, outre la vision humanitaire suivie, sont l'émotion dans la narration employée par l'auteur, qui est l'un des points linguistiques les plus importants. L'auteur utilise des données et des statistiques pour démontrer au lecteur l'écart qui existe dans la réinsertion post-carcérale des jeunes handicapés et des jeunes de la communauté noire américaine. En outre, il utilise l'histoire personnelle d'un ami proche pour illustrer les statistiques et donner un nom et un visage aux chiffres. Cela permet au lecteur de se rapprocher des statistiques et de s'identifier à elles.

Cela permet un rapprochement avec le lecteur et une plus grande identification, provoquant la pensée que de telles injustices pourraient arriver au lecteur lui- même ou à n'importe quelle personne proche et chère, ce qui est inévitable pour ne pas réfléchir au thème et ne pas prêter attention à la pertinence de sa discussion.

Le projet est important pour mettre en lumière les droits de l'homme des personnes qui ne sont souvent pas perçues par le système d'un pays, ce qui est le cas des jeunes noirs et/ou handicapés qui ont été incarcérés, et qui ont le droit de retourner à leur vie normale et de réussir sur le plan personnel et professionnel après la prison. Il ne s'agit pas de juger le crime commis, il s'agit de garantir le minimum existentiel pour assurer les droits et la citoyenneté des personnes privées de liberté, parce qu'elles sont des citoyens au même titre que n'importe quelle autre personne en Amérique, ce qui a été dûment, statistiquement et juridiquement étayé par l'auteur.

Le résumé est direct et présente les objectifs et la dialectique utilisée par l'auteur, dans laquelle il indique le thème principal et révèle, brièvement, certains des défis rencontrés, ainsi que les étapes suivies pour réaliser l'étude. Le thème est également basé sur des études de cas auxquelles l'auteur a été confronté en tant qu'avocat défendant de jeunes Afro-Américains.

La préface s'adresse aux chercheurs, qui seraient intéressés par la lecture et la connaissance du sujet étudié : "Les personnes qui ont une haute opinion de la justice raciale et des droits de l'homme mais qui, pour des raisons inconnues, ne saisissent pas encore la profondeur et la gravité des obstacles auxquels sont confrontés les jeunes ayant des problèmes sociophysiologiques, en particulier ceux qui ont été incarcérés", selon les termes de l'auteur. Cette adresse est importante pour provoquer une certaine provocation critique chez le lecteur. Le défenseur des droits de l'homme et la personne concernée par la justice raciale peuvent se trouver perplexes et s'interroger sur le fait qu'ils n'ont peut-être jamais pensé aux préjugés de la vie après l'incarcération pour les Afro-Américains et les personnes handicapées.

L'introduction commence par une citation de Nelson Mandela, ancien président de l'Afrique du Sud et représentant important de la lutte raciale dans le monde entier, qui apporte une certaine érudition au texte, en soutenant le biais émotionnel apporté plus tard par l'auteur avec l'identification du cas vécu par son ami personnel. Je citerais dans l'introduction, ainsi que dans le résumé, les méthodologies adoptées, de manière brève, puisqu'elles seront discutées dans un chapitre séparé, mais seulement pour situer le lecteur, puisqu'il peut ne pas avoir prêté attention à ces observations dans le résumé, simplement pour des raisons techniques.

iii. Méthodologie

En ce qui concerne l'adoption et l'explication des méthodologies utilisées, les observations faites ont été très bien clarifiées et détaillées, avec un œil critique, exposant au lecteur que la loi et les législateurs doivent prêter attention au contexte social, et ne pas seulement adopter un biais uniquement positiviste, dans lequel les changements et les situations fatales de la société ne sont pas pris en compte, comme cela a été observé dans le présent projet. Selon l'auteur, le problème de la vulnérabilité des jeunes, en particulier des jeunes qui purgent des peines et qui sont afro-américains et/ou handicapés, dans la réinsertion à la vie en société après la prison n'est pas observé. L'auteur considère qu'il n'y a pas de société libre si les gens et la loi ne prêtent pas attention à son avenir : les jeunes.

En ce qui concerne le paragraphe ci-dessus, je voudrais adopter une approche sociologique et criminologique. Sur la base de la doctrine criminologique positiviste, dont Cesare Lombroso est l'un des principaux représentants, le délinquant est classé selon une vision anthropologique, dans laquelle les caractéristiques physionomiques de l'auteur d'un crime sont ce qui détermine si cette personne a ou non le profil d'un criminel. Par conséquent, le poids, les cheveux, la taille du crâne, la taille des jambes, entre autres caractéristiques, selon Lombroso, sont ce qui montrerait que l'agent possède ou non le déterminisme du crime, c'est-à-dire que la personne qui commet n'importe quel type de crime serait un criminel "né", avec des caractéristiques biologiques qui le détermineraient. Elle ne prendrait pas en considération les autres causes qui pourraient contribuer à la commission d'un crime, telles que les variables environnementales et sociales.

Je cite cette approche pour établir un parallèle avec la non-valorisation des jeunes dans la société, en particulier des jeunes qui sont en marge de la société, à savoir, dans le cadre de ce projet, les Afro-Américains et les personnes handicapées. Peut-être que la législation et la société dans son ensemble ne voient pas ces jeunes en raison d'un renforcement du stéréotype du "profil criminel", biaisé dans un préjugé historique provenant des classes dominantes à l'égard des personnes noires, par exemple, et que pour beaucoup de gens, ils ne seraient même pas des sujets dignes de la protection de l'État, encore plus les jeunes Noirs qui ont commis un certain type d'infraction criminelle.

En outre, l'auteur apporte plusieurs mises en contexte, soulignant plusieurs aspects de l'analyse du thème, ce qui permet au lecteur d'approfondir les détails du sujet.

iv. Littérature

L'auteur a souligné les points de vue de différentes doctrines sur le sujet, y compris une critique sur le manque d'études sur le sujet qu'il a trouvé dans la littérature. Je soulève un point que j'ai jugé très important, à savoir : "Dans un passé récent, les universitaires qui souscrivent aux principes de la criminologie culturelle et de la théorie de l'étiquetage ont soutenu que les marqueurs attribués aux individus, tels que "criminel", pourraient contribuer à l'augmentation de la marginalisation et du nombre de crimes commis par les jeunes. Certains théoriciens ont suggéré, de manière convaincante, que la pauvreté et l'inégalité ont limité l'accès des jeunes aux opportunités. Pour les jeunes, des pratiques inadéquates dans le domaine de la parentalité, de faibles compétences en matière de socialisation, la pression des pairs et les aléas économiques sous la forme de chocs de revenus ont conduit à une "dérive" entre les mœurs conventionnelles et la délinquance", selon les termes de l'auteur.

Je crois que l'auteur aurait pu apporter à l'appui de son propos une réflexion issue de la sociologie criminelle et de la criminologie moderne concernant les écoles du consensus et les écoles du conflit. Je souligne dans la première école la doctrine de l'école de Chicago, qui apporte la théorie de la désorganisation écologique ou sociale, inventée par Clifford Shaw et Henry McKay, dans laquelle, de manière très succincte, elle explique qu'en raison de la croissance désordonnée de la ville de Chicago, cette théorie, inventée par Clifford Shaw et Henry McKay, explique qu'en raison de la croissance désordonnée de la ville de Chicago, cette théorie, inventée par Clifford Shaw et Henry McKay, explique qu'en raison de la croissance désordonnée de la ville de Chicago, qui s'est étendue du centre vers la périphérie (mouvement centrifuge singulier), de nombreux et graves problèmes sociaux, économiques, culturels et autres ont créé un environnement favorable à l'installation de la criminalité, aggravée par l'absence de mécanismes de contrôle social inventés par l'absence de l'Etat dans ces lieux. Cette théorie apporte également une touche de déterminisme dans l'analyse de la criminalité basée sur chacune des zones de la ville, qui ne prend pas en considération les crimes commis par des personnes issues des classes dominantes (comme les crimes en col blanc), renforçant une fois de plus le stéréotype du jeune de la périphérie, souvent noir, comme criminel.

En ce qui concerne ce que je considère comme la doctrine la plus importante pour soutenir le point de vue de l'auteur, il s'agit de la doctrine de l'approche de l'étiquetage (ou interactionnisme symbolique/étiquetage/étiquetage ou réaction sociale), la théorie du conflit la plus célèbre, inventée par Erving Goffman et Howard Becker.

Selon cette doctrine, elle se fonde sur le fait que les agents ayant commis des conduites déviantes (qualifiées de criminelles) sont soumis à une réponse ritualisée et stigmatisante (la prison), qui entraîne une distanciation sociale et une réduction des opportunités (stigmatisation), provoquant l'émergence d'une sous- culture délinquante avec des réflexions sur l'image de soi. Même après avoir quitté la prison, le délinquant souffre de la stigmatisation résultant de l'institutionnalisation et récidive souvent. Il serait possible de s'appuyer sur cette théorie pour donner un fondement doctrinal à la question de grande importance soulevée par l'auteur.

Un autre point qui m'a beaucoup plu, mais qui aurait pu être un peu plus travaillé, est l'observation concernant la question du genre, dans laquelle il mentionne que la plupart des données dans la littérature juridique se réfèrent aux hommes dans la délinquance, et ne se concentrent pas sur les femmes dans cette situation.

v. Contexte et solutions

En ce qui concerne le contexte, l'auteur expose une fois de plus les étapes suivies dans l'étude et explique certains points importants, ce qui apporte de la fluidité à la lecture.

Analyse extrêmement pertinente lorsqu'elle met en relation la population carcérale majoritairement noire avec les personnes incarcérées sous l'apartheid, en Afrique du Sud, et au détriment du nombre de blancs incarcérés, démontrant un racisme structurel visible dans le système carcéral américain, reflet d'un racisme qui s'insinue dans les structures socio-économiques et privilégie souvent certaines races au détriment d'autres.

Je vois également un excellent point sur les

effets de l'incarcération intergénérationnelle, dans laquelle un pays de jeunes hommes noirs a déjà été incarcéré, comme un autre obstacle à la réinsertion dans la vie post-carcérale, qui fait que ces jeunes hommes sont confrontés non seulement à des problèmes économiques, mais aussi aux effets des comportements de leurs parents sur la société.

Je souhaite accorder une attention particulière au deuxième cas, car il s'agit d'un ami proche de l'auteur, qui apporte une humanité qui suscite l'empathie du lecteur et le met à la place de la pensée, ce qui, en se mettant à la place de l'auteur, pourrait se produire avec n'importe quelle personne afro-américaine que le lecteur connaît et qu'il peut avoir de l'affection. Il est important de susciter l'attention et la réflexion du lecteur. D'autant plus qu'il a été arrêté pour trafic de drogue près de l'école, ce qui est relativement courant dans la société actuelle (ce qui ne sera pas la gravité de l'acte), étant donné qu'il n'a fait de mal à personne et qu'il a été piégé en essayant d'aider quelqu'un et pris à ce moment- là. L'argument qui fait penser que cela pourrait arriver à n'importe qui et qui remet en question la propension à l'erreur du système judiciaire.

Il pourrait également soulever un problème courant aux États-Unis, à savoir la privatisation des prisons et la manière dont la souffrance de ces jeunes gens est marchandisée, ainsi que la coupure raciale, selon laquelle plus il y a de personnes incarcérées, plus les prisons privatisées sont rentables, ce qui entraîne également une augmentation de l'incarcération des Noirs, car il s'agit de la population la plus vulnérable.

En ce qui concerne les solutions, je pense qu'elles sont concises et claires, démontrant les connaissances de l'auteur et sa profonde base juridique, qui ne recourt pas à des solutions simplistes et populistes.

Je signale seulement que des solutions plus urgentes auraient pu être citées, comme, par exemple, l'investissement dans les politiques d'éducation publique et l'autonomisation économique des classes minoritaires comme celles étudiées.

En ce qui concerne les notes relatives à la traduction de l'anglais au français, elle a apporté un langage cultivé et objectif, qui permet au lecteur d'absorber l'essence de ce qui a été étudié par l'auteur, même s'il y a quelques changements dans l'écriture et le vocabulaire par rapport au projet original écrit en anglais.

Rapport d'évaluation par les pairs de l'avocate Camille Molina-Brusley

Le manuscrit intitulé Etymological Injustice: Formerly-Incarcerated Youth with Sociophysiological Challenges examine les problèmes de réinsertion rencontrés par les jeunes anciennement détenus qui se répartissent en deux catégories distinctes : les jeunes handicapés et les Afro- Américains.

Fait important et unique, ce livre présente un avantage linguistique considérable puisqu'il a été rédigé en anglais et en français, ce qui permet de procéder à une évaluation relative à son contenu, d'une part (1), ainsi qu'à la qualité de sa traduction de l'anglais au français, d'autre part (2).

Ce livre se concentre de manière innovante sur une question importante qui semble avoir reçu un traitement académique et doctrinal marginal, et devrait donc à cet égard être salué. Plus important encore, le sujet abordé dans ce livre est particulièrement intéressant car il peut avoir un impact significatif sur le monde juridique, en appelant à des réformes juridiques indispensables dans la société américaine.

Le thème de la réinsertion des jeunes, en général, est essentiel dans une société attachant de l'importance à la protection de ses membres et à l'État de droit.

Ce type de recherche est donc absolument essentiel. Non seulement il met en évidence l'importance d'améliorer constamment les politiques de réinsertion pénale, mais il se concentre également sur deux sous-groupes nouvellement étudiés. Ces deux groupes, bien que surreprésentés dans les populations carcérales et ayant des besoins de réinsertion particuliers, sont sous-représentés en termes d'intérêt académique et de solutions pratiques adaptées à leurs besoins particuliers.

Cependant, bien que ce sujet soit passionnant, l'étude menée dans le cadre de cet ouvrage présente des imperfections ainsi qu'une insuffisance des solutions proposées, et aurait pu être affinée selon deux axes : (a) quant à la structure et la logique de certains arguments proposés, et (b) quant au respect des limites du sujet.

En présentant le sujet et les enjeux, la première partie de l'étude ne permet pas de justifier certains choix de l'auteur, alors que ces explications seraient, à mon sens, indispensables pour une analyse complète. Je me suis principalement intéressée aux deux sous-groupes choisis par l'auteur, à savoir les jeunes avec une forme de handicap et les jeunes Afro-Américains. Outre le fait que ces deux sous-groupes sont surreprésentés au sein du système pénal et carcéral américain, et un intérêt évident de l'auteur pour ces groupes, l'ouvrage ne permet pas de présenter une explication ou une justification suffisante du choix d'étude de ces deux groupes. Pourquoi étudier ces deux groupes en particulier ? Et pourquoi exclure les Amérindiens de l'étude, par exemple, alors qu'ils sont également surreprésentés ?

En effet, les deux sous-groupes ont des situations totalement différentes, et comme leurs situations ne se recoupent pas, leurs études ne peuvent être comparées. L'étude des deux sous- groupes est fondamentalement différente dans les raisons de la surreprésentation de chaque sous-groupe, les conditions de détention, les obstacles rencontrés à la réinsertion sociale, les solutions possibles et les réformes proposées.

Cette critique peut sembler banale mais elle affecte la structure du document. Un autre problème de structure est celui de la présentation de données redondantes. À titre d'exemple, trois sections différentes du manuscrit traitent des chiffres de la surreprésentation du groupe afro-américain:

(1) Pages 7 à 9 dans la section d'introduction, «Numerical Scope of the Youth Affected», entièrement axées sur ce sujet; (2) Pages 21 et 22 de la section « Building Conceptual Connections: Mandela, U.S. Mass Incarceration, and the Juvenile Incarceration Debate » ; et (3) pages 28 et 30 dans la section « Analyse des jeunes noirs et de leurs parcours d'incarcération ».

Cette dernière section, située au milieu du manuscrit, est entièrement consacrée à la surreprésentation, là encore, alors que ces données avaient été traitées dans l'introduction du livre.

Un autre point structurel important est la divergence méthodologique du livre par rapport à l'approche doctrinale de l'analyse juridique. L'auteur explique dans la section « Breaking with Conventional and Myopic Legal Scholarship » sa méthodologie, qui rompt manifestement avec l'approche traditionnelle de « l'analyse doctrinale » et se concentre plutôt sur « les problèmes que les lois n'ont pas réussi à résoudre » (voir p. 12).

Cette approche pourrait être valable mais n'est pas, à mon avis, suffisamment justifiée ici. Premièrement, une étude purement factuelle serait acceptable si le manuscrit s'intéressait réellement aux problèmes de réinsertion rencontrés par les deux sous-groupes et expliquait ensuite les solutions et propositions de réformes liées à ces problèmes.

Deuxièmement, pour savoir si, effectivement, les lois ne peuvent résoudre les problèmes posés, il faut se pencher sur ces lois. L'exclusion totale de leur étude rend l'analyse du livre incomplète.

Une étude plus complète et idéale devrait à tout le moins s'intéresser aux points suivants :

- Comment les lois de réintégration en vigueur aux États-Unis peuvent-elles ou ne peuvent- elles pas s'appliquer aux deux sous-groupes étudiés ?
- Quelles sont les lacunes de ces lois par rapport aux spécificités des deux groupes étudiés ?
- À quels problèmes de société ces lois ne peuvent-elles pas répondre ?

- Et donc, quelles solutions et réformes sont proposées pour remédier à ces problèmes ?

Le deuxième problème principal rencontré est que le livre ne reste pas strictement dans le cadre du sujet.

La première partie de l'ouvrage (voir II. et III.) expose très longuement et très clairement les enjeux des questions traitées, la motivation de l'auteur, les méthodes de recherche utilisées, la démarche adoptée et les définitions des termes abordés dans l'ouvrage. Le sujet est ainsi clairement expliqué : la réinsertion des jeunes des deux sous-groupes étudiés.

Cependant, une petite proportion seulement du livre semble traiter de la réintégration. Deux exemples peuvent être cités. La première est celle de la section « Building Conceptual Connections : Mandela, U.S. Mass Incarceration, and the Juvenile Incarceration Debate » (voir p. 21 et 22), qui présente deux problèmes fondamentaux : (i) une série d'idées non reliées entre elles, et (ii) un écart important du sujet de la réinsertion des jeunes. Bien que son intitulé fasse référence à l'incarcération des mineurs, ce point n'est pas suffisamment traité dans cette section.

Il est noté ici que cette section n'est pas, en soi, critiquée sur la base de son contenu. Ce sont, dans l'absolu, des considérations importantes, et tous les points soulevés pourraient donner lieu à de très longs et passionnants débats. Cependant, certaines considérations n'ont pas leur place dans cette partie du livre, ou à tout le moins, l'auteur ne parvient pas à justifier leur intérêt et leur pertinence.

Le second exemple sera celui de l'étude de cas n° 1 : « L'affaire Blade Reese » (voir p. 26 à 29). Cette affaire traite sur trois pages de l'histoire de Blade Reese, un jeune homme autiste condamné à une peine de trente ans et détenu « comme un adulte » dans l'état de l'Indiana. Si cette histoire est au fond très intéressante et aurait pu être passionnante dans un autre contexte, elle n'a aucun lien direct avec le sujet traité. Le handicap de Blade, à peine évoqué, n'est jamais présenté comme un facteur de délinquance, ni comme un obstacle à sa réinsertion, mais seulement comme une difficulté pendant son incarcération, ce qui n'entre pas dans le cadre du sujet du livre. Le cas de Blade semble moins pertinent puisque ce jeune homme est toujours incarcéré et, a fortiori (à plus forte raison), devra se réinsérer dans la société à l'âge adulte.

D'autre part, le livre n'aborde pas certains points importants ou, à tout le moins, ne justifie pas pourquoi ils ne sont pas abordés. Voici quelques exemples :

- Pourquoi les jeunes handicapés sont-ils surreprésentés dans le système pénal américain ?
- Quelles sont certaines des lois applicables en matière de réintégration ?
- Quelles sont les politiques actuelles de réinsertion des jeunes ?
- Que sont les « programmes de transition pour les jeunes délinquants juvéniles » mentionnés ? Pourquoi ne sont-ils pas adaptés aux jeunes des deux

sous-groupes ?

En conclusion, malgré un sujet très intéressant et de nombreuses bonnes idées, le livre aurait pu être encore peaufiné sous de multiples aspects.

Concernant la version française de l'article, il s'agit, dans l'ensemble, d'une excellente traduction. Les termes utilisés sont corrects, le langage du livre est formel, et sa grammaire et sa syntaxe sont bonnes. Il y a quelques imprécisions, et certaines expressions semblent avoir été traduites trop littéralement, mais cela ne nuit en rien à la compréhension ou à la lecture du manuscrit.

Cependant, il semble important de mentionner que la traduction littérale de certaines expressions, lorsqu'elles se rapportent à des notions bien définies en droit, peut nuire à la compréhension du lecteur. Pour citer un exemple, l'expression « black letter law » a été littéralement traduite par « loi de lettres noires », qui, littéralement en français, ne renvoie à aucun concept juridique particulier. L'expression « règles de droit immuable » ou « grands principes du droit » aurait dû être préférée pour désigner le même principe en droit américain.

Un autre exemple aurait pu concerner l'expression « strain theory » littéralement traduite par « théorie de la souche » à laquelle l'expression plus largement admise « théorie de la tension » est préférable.

Par ailleurs, sur un autre point bien précis, la notion de « blackness » a été traduite par l'expression française « négritude ». J'attire l'attention sur le fait que ce terme français doit être utilisé avec beaucoup de prudence, ne faisant pas référence à la même chose qu'en anglais. Ce terme, très peu usité, désigne exclusivement un courant littéraire. Dès lors, l'usage de ce terme se justifie lorsque l'auteur évoque le courant littéraire d'Aimé Césaire et de Paulette Narval, mais en aucun cas lorsqu'il cherche à définir la notion de « blackness » et d'afro-américain.

En dehors de ces quelques points, la traduction est globalement très satisfaisante.

Camille Molina-Brusley est avocate en exercice. Elle a été admise au Barreau de Paris en mai 2016 (il y a près de 7 ans), a exercé le droit à Paris et a travaillé comme juriste à New York. Sur le plan universitaire, Mme Molina-Brusley est diplômée de l'École du Barreau de Paris en 2015, après avoir suivi le programme de formation professionnelle de l'École. En outre, l'avocate Molina-Brusley est diplômée de l'Université de la Sorbonne, où elle a obtenu une maîtrise en droit pénal international (avec mention) en 2011. Avant la Sorbonne, Molina-Brusley était à l'Université du Kent, où elle a obtenu un diplôme de droit anglais (avec mention) en 2010. Avant Kent, Camille a fréquenté l'Université la Sorbonne, où elle a obtenu une licence en droit (avec mention) en 2009. L'avocate Molina-Brusley, de langue maternelle française et parlant également couramment l'anglais et l'espagnol, a effectué une double relecture à l'aveugle de ce livre, Etymological Injustice.

Rapport d'évaluation par les pairs de l'avocate Catalina Ramirez Palau

I. Propos Préliminaires

Pour les besoins de la présente évaluation, le document étudié sera ci-après désigné par l'"Ouvrage". Il est par ailleurs établi que cette évaluation critique a été réalisée sans que l'identité de l'auteur de l'Ouvrage ne soit révélée et que les observations ci-après formulées se fondent uniquement sur la lecture de l'Ouvrage ainsi que des éléments de contexte tels que (i) le champ d'études de l'auteur ; (ii) le processus de rédaction de l'Ouvrage ; (iii) l'usage qui pourrait être fait de l'évaluation dans le cadre d'une future publication.

Je suis une avocate franco-colombienne ayant passé le barreau de Paris en 2019 et justifiant de trois années d'expérience en droit civil, commercial et pénal. Diplômée de l'Institut d'Etudes Politiques de Paris, j'ai étudié pendant 3 années les sociales à Paris et à Rio de Janeiro avant de me spécialiser en droit français. J'ai par ailleurs complété un L.LM au sein de l'Université de Pennsylvanie, où j'ai notamment étudié la stratégie contentieuse et le droit pénal nord-américain.

Attachée à la défense des droits de populations discriminées et marginalisées, j'ai notamment accompagné juridiquement des demandeurs d'asile latino-américains sous la supervision d'avocates nord-américaines à travers la Clinique légale de l'Université de Pennsylvanie. Dans la même veine, j'ai également travaillé bénévolement à Philadelphie auprès de personnes trans dans le cadre du projet "*Trans Empowerment and Advocacy*" rattaché au Centre Mazzoni. Je suis également membre depuis 2020 de la force juridique de la Fondation des Femmes, une entité française dédiée à l'accompagnement juridique de femmes et d'associations féministes.

II. Appréciation Critique Du Contenu De L'ouvrage

A. Introduction : observation générales

L'Ouvrage dépeint un portrait précis et documenté des lacunes du système juridico-pénitentiaire nord-américain dans l'accompagnement de jeunes présentant un passé carcéral et sujets à deux types de discrimination : le racisme et le validisme.

L'Ouvrage ne prétend pas remettre question le principe du carcéralisme comme méthode répressive de contrôle des individus en société, mais s'intéresse spécifiquement aux défaillances du système tel qu'il existe. L'Ouvrage ne remet pas non plus en question le principe d'une société visant à fabriquer des êtres productifs au sein d'un système inégalitaire, mais se penche cependant sur la nécessité de prendre en compte les bien être des individus d'un point de vue éducatif, professionnel et identitaire.

Ce parti pris, objectivement exposé dès l'introduction, permet à l'auteur de prendre la distance cartésienne et académique, sans doute nécessaire, pour toucher un public large et encourager

l'intervention du législateur. L'auteur se place ainsi sur le terrain de l'analyse empirique de faits pour proposer une réforme judiciaire réaliste et à la portée des décideurs politiques. L'on perçoit cependant, en filigrane, une critique sans concession du racisme et du validisme structurel, institutionnel et historique imprégnant le système carcéral nord-américain.

Le premier intérêt de l'Ouvrage réside dans la population cible choisie. Il s'agit en effet de jeunes entre 10 et 24 confrontés au système carcéral et présentant alternativement deux types de caractéristiques de nature à influencer négativement leur réinsertion sociale : des difficultés socio-physiologiques et/ou des origines afro-américaines. Ce choix présente un intérêt socio-politique majeur car, comme le souligne à juste titre l'auteur, ces deux sous-groupes sont à la fois particulièrement vulnérables, surreprésentés dans le milieu pénitentiaire juvénile et peu étudiés. Cette population cible, prise dans son ensemble, a en effet fait l'objet de peu d'études quantitatives et qualitatives malgré l'évident besoin de déployer plus de moyens pour les accompagner. S'il est vrai qu'une quantité importante de données et d'études quantitatives existe sur la population carcérale noire en général, ce constat ne s'applique pas nécessairement aux jeunes d'origines afro-américaines et encore moins au jeunes en situation de handicap. Or, le premier pas vers la mise en place de réformes judiciaires équitables, réalistes et porteuses de changement repose avant tout sur l'identification objective et sans concession des failles du système décrié.

Le deuxième intérêt majeur de l'Ouvrage réside dans la démarche plus pragmatique de l'auteur, consistant à (i) identifier des lois nord-américaines protectrices d'ores et déjà existantes mais insuffisamment appliquées voire contournées au détriment des intérêts des groupes précités et (ii) proposer des mesures concrètes et raisonnablement envisageables pour améliorer la qualité de vie de jeunes délinquants pendant et après leur incarcération. Cette feuille de route ouvre ainsi de nouvelles perspectives pour une meilleure prise en compte des besoins d'une population structurellement marginalisée et laissée pour compte. Cette approche, axée l'impact d'une potentielle réforme judiciaire, complète ainsi efficacement la posture plus académique préalablement exposée en première partie.

Enfin, l'auteur a la lucidité de présenter son travail de recherche comme une entrée en la matière, ayant par définition vocation à être développée et étoffée à la lumière de futures études en ce sens. Il pose ainsi la première pierre à l'édifice en analysant les faiblesses et perspectives d'amélioration du complexe juridico-carcéral tout en encourageant de nouvelles recherches susceptibles de corroborer, confronter ou étendre ses conclusions.

B. *Méthodologie et définition des termes du sujet*

L'Ouvrage suit une méthodologie claire et conforme aux standards universitaires en termes de présentation de la thèse, de définition des termes du sujet et de développement des arguments. La thèse, construite en deux temps (1. le constat d'un problème ; 2. la nécessité d'y remédier) est suffisamment précise et concise pour permettre au lecteur d'appréhender rapidement les tenants et les aboutissants de la recherche.

La problématique, développée en quatre points suit un raisonnement progressif et logique particulièrement adapté. Sont en effet successivement traités (i) les **besoins** des jeunes afro-américains et en situations de handicap à la sortie du système carcéral ; (ii) les **barrières** auxquelles sont confrontés ces jeunes dans leurs efforts de réinsertions au sein de la société nord-américaine ; (iii) les **solutions générales** puis (iv) les **solutions juridiques** envisageables pour surmonter ces obstacles.

Enfin, l'auteur prend le soin de justifier l'adoption d'une approche principalement qualitative compte tenu du nombre limité de données à disposition et de la nécessité d'analyser le sujet d'étude d'un point de vue nécessairement politique, philosophique et social. Cette posture apparaît d'autant plus pertinente que la prise en charge des personnes vulnérables appelle à une réflexion préalable cruciale sur la place donnée aux individus perçus et réduits à des membres "non-productifs" de la société.

Un effort notable de définition des termes et concepts du sujet peut être souligné, notamment concernant la notion clé de handicap, pouvant être perçu alternativement comme une simple donnée médicale ("déficience physiologique") ou comme une construction sociale ("invalidité sociale"). L'auteur a par ailleurs la rigueur intellectuelle de préciser que les termes "afro-américain" et "noir.e" sont réducteurs car ne permettant pas d'englober la diversité d'identités au sein de la communité afro-américaine.

Enfin, le lecteur appréciera la présentation nuancée et critique que l'auteur fait de la littérature existante en matière de délinquance juvénile. Cette présentation a en effet le mérite de souligner les limitations mêmes de celle-ci : (i) le manque voire l'absence de prise en compte de facteurs temporels culturels et sociaux ; (ii) la mise à l'écart de facteurs liés au genre, qui s'illustre notamment à travers la quasi inexistante prise en considération de la délinquance juvénile féminine ; (iii) la minimisation des implications sociopolitiques liées à l'âge ; et (iv) l'inscription de ces études dans le cadre d'agenda politiques.

C. Contexte socio-politique de l'étude réalisée : une surreprésentation carcérale de la population d'origine afro-américaine et handicapée

L'auteur met efficacement en exergue, à l'aide de références pertinentes et justes, l'absurde et l'urgence de la situation concernant la surreprésentation carcérale noire et handicapée. L'Ouvrage est notamment l'occasion pour le lecteur de s'arrêter sur les constats glaçants suivants : il existe actuellement quatre fois plus d'hommes noirs incarcérés dans les prisons américaines que dans les prisons Sud-Africaines pendant l'apartheid. De même, il y aurait aujourd'hui plus d'afro-américains sous contrôle judiciaire, incarcérés, détenus, placés sous le régime de la libération conditionnelle ou en sursis réunis qu'il n'y avait d'esclaves en 1850. Enfin, les personnes handicapées seraient 4 à 5 fois plus représentées dans le milieu carcéral que de personnes valides[291], étant précisé qu'environ 20% à 60% de jeunes incarcérés présentent un handicap.

Ce constat alarmant permet non seulement de contextualiser l'étude réalisée, mais surtout de mesurer son importance immédiate.

[291] Ouvrage p.25

D. Les obstacles à la réinsertion sociale

L'auteur décrit le parcours du combattant des jeunes délinquants en quête d'identité et de sens d'appartenance, après l'expérience de l'isolement social vécu en prison. Présentant méthodiquement les obstacles systémiques auxquels sont confrontés les jeunes étudiés, il place tout particulièrement le curseur sur l'influencedupassécarcéralintergénérationnel sur le taux d'incarcération juvénile des jeunes afro-américains. Fort justement, l'Ouvrage ne manque pas de mettre cette réalité en perspective avec l'histoire des communautés noires américaines, marquées par le racisme et les politiques d'incarcération massives entre les années 1970s et 2010.

L'Ouvrage s'attarde par ailleurs, à juste titre, sur la fétichisation de la culture noire en tant que produit de consommation de masse (style musical, danse, style vestimentaire style capillaire etc.) par une population blanche peu, voire pas du tout, au fait des difficultés rencontrées par les communautés noires. En mettant en parallèle ce phénomène sélectif d'appropriation culturelle avec la recherche d'identité des jeunes afro-américains en processus de réintégration sociale, l'auteur crée ainsi un pont logique entre l'oppression culturelle et institutionnelle.

Concernant la situation des jeunes détenus en situation de handicap, l'Ouvrage met l'accent sur l'accès réduit aux services éducatifs spécialisés, amplifié par la quasi absence de suivi quantitatif et qualitatif de ces derniers à la sortie de prison. Les données relatives à la réinsertion éducative des jeunes en situation de handicap sont pourtant cruciales, comme le rappelle l'auteur, car elles permettent d'alerter décisionnaires et in fine influencer les allocations de fonds dans l'éducation spécialisée.

A ces obstacles propres à chaque sous-groupe, s'ajoutent en outre les tares communes telles que la discontinuité éducative ou encore les difficultés à l'embauche pour les anciens détenus en raison de la stigmatisation fondée sur leur passé carcéral.

L'auteur touche par ailleurs du doigt, sans s'y attarder pour des raisons évidentes propres à son sujet, le paradoxe inhérent à la prison : comment une institution fondée sur l'isolement social extrême et le confinement peut-elle prétendre préparer efficacement les individus à réintégrer ensuite la société dans des conditions saines ?

E. Solutions socio-professionnelles

L'auteur décide d'écarter volontairement les solutions scolaires, dans la mesure où de nombreux jeunes délinquants, à la sortie de prison, décident d'abandonner le parcours éducatif en raison du difficile accès aux études.

Ceci étant établi, une réflexion particulièrement pertinente a retenu toute mon attention : l'importance de la (re)construction de l'identité des anciens détenus afro-américains à travers la prise conscience noire. L'auteur suggère que le développement de jeunes délinquants afro-américains en quête d'identité et de place au sein de la société pourrait passer par leur prise de conscience raciale, que je traduirais plutôt par "conscience de race" en référence évidente à Marx. Cette conscience de race, stimulée notamment par la connaissance des luttes sociales et politiques de la communauté noire américaine et de ses figures de proue, permettrait ainsi d'instiguer chez les jeunes un sens d'appartenance identitaire crucial dans le processus de socialisation et d'intégration au sein de leur propre communauté.

Plus encore, et c'est là où l'auteur fait preuve d'une lucidité remarquable, ce dernier considère que "*la conscience raciale, en particulier dans son apport d'un sentiment collectif d'identité, permettrait de résoudre certains des problèmes liés à l'incarcération intergénérationnelle, car elle pourrait engendrer* ***une révolte sociale***". Autrement dit, l'esprit de révolte politique instigué par la prise de conscience collective serait un exutoire, un échappatoire face la violence institutionnelle d'un système. Il laisse entendre que la conscience de race contribuerait à briser les chaînes de la délinquance intergénérationnelle.

F. *Réformes juridiques*

L'auteur souligne que des lois protectrices existent, mais ne sont pas suffisamment appliquées de manière effective. Il suggère donc de se reposer plus sérieusement sur des outils juridiques précis d'ores et déjà à disposition pour accompagner au mieux les jeunes en réinsertion post-incarcération. Cela passe notamment par la déjudiciarisation de la délinquance juvénile, à travers le recours à la justice restaurative pour les délits non-violents liés au statut de mineurs.

Outre les dispositifs existants, l'Ouvrage envisage des solutions juridiques à travers notamment la protection du droit à la vie privée des jeunes détenus. La publication et le partage du casier judiciaire des jeunes détenus ouvre en effet la voie à des discriminations légales pourtant parfaitement contradictoires avec le principe même de réinsertion sociale.

A cet égard, l'auteur propose par exemple la restriction de l'accès au casier judiciaire de manière générale pour éviter l'impact discriminant de cette information sur l'accès à l'embauche. Selon l'auteur, la confidentialité du casier judiciaire devrait ainsi être érigée en principe, dont les conditions de dérogation devraient être rigoureusement encadrées. Plus précisément, l'accès au casier judiciaire devrait être strictement réservé aux personnes et autorités justifiant d'un besoin valable d'accès à ce type d'information. En outre, il est mis en avant la nécessité de créer un délit de publication illégale de casier judiciaire de délinquants mineurs. Ces mesures font naturellement écho aux dispositions françaises du Code pénal consacrant par exemple un certain "droit à l'oubli" à travers l'effacement ou la non-inscription d'infraction sur le casier judiciaire.

G. Conclusion

L'Ouvrage aborde, en une soixantaine de pages, un nombre important de thèmes cruciaux tels que l'impact de l'incarcération intergénérationnelle sur le taux de délinquances des jeunes afro-américains, la construction de l'identité de ces derniers à leur sortie de prison ou encore la difficile identification des besoins de détenus handicapés pendant et après leur incarcération. A l'appui d'une bibliographie riche et précise, l'auteur passe ainsi au peigne fin les défaillances du complexe juridico-pénitentiaire nord-américain en termes d'accompagnement des jeunes dans leurs efforts de réinsertion sociale. La méthode est transparente, les choix sont rigoureusement justifiés et les outils terminologiques présentés avec nuance.

L'intérêt est double : d'une part, l'auteur pose les jalons d'un constat global d'échec de prise en charge de la population cible et sur la nécessité d'améliorer le processus de réinsertion sociale de ces derniers. D'autre part, au-delà du simple constat, l'auteur propose des mesures concrètes pour une réforme judiciaire réaliste basée à la fois sur des lois et des dispositifs existants. Loin de prétendre à l'exhaustivité, l'auteur ouvre ainsi la voie pour de nouvelles recherches (notamment quantitatives) pour instiguer un changement social à portée de main.

III. Evaluation De La Traduction Anglais-Francais

A titre liminaire, je soulignerai que cette partie vise à évaluer si le texte français transmet globalement et thématiquement les idées véhiculées dans le texte anglais, tout en tenant compte des nuances de la langue française d'un point de vue notamment juridique et académique. L'objectif est ainsi de déterminer si la traduction est cohérente, adaptée au contexte et si elle transmet le sens voulu à ses lecteurs, sans nécessairement tendre à une traduction littérale.

Ceci était établi, il convient de noter que la qualité de la traduction varie de manière significative entre le début de l'Ouvrage et le corps de celui-ci **(1)** et que des approximations nuisant à la transmission des idées de l'auteur sont à relever ponctuellement **(2)**. Enfin, il sera précisé que la définition et l'usage indifférencié de certains termes clés du sujet tels que "invalidité" et "handicap" ne reflète pas, en français, la rigueur dont fait preuve l'auteur en anglais **(3)**.

1. Deux niveaux de traduction

Les seize premières pages de l'Ouvrage, comportant certes un nombre important de termes juridiques, techniques et académiques, présentent indéniablement un certain nombre d'approximations développées ci-après. Toutefois, une nette différence en termes de précision linguistique et de justesse idiomatiques est constatée par la suite.

Passées ces premières pages, la traduction devient en effet plus fluide, cohérente et juste, permettant ainsi presque d'oublier qu'il s'agit d'un texte traduit. L'ensemble de la traduction peut donc être considérée comme globalement acceptable, bien que certains concepts techniques clés développés ci-après soient perdus dans le processus de traduction.

2. Des imprécisions techniques, idiomatiques et linguistiques

Si les idées générales et la thèse de l'auteur sont effectivement transmises, il ne peut être nié que le texte présente (a) des imprécisions en termes de jargon académique, juridique et politique ; (b) plusieurs tournures idiomatiques erronées qui révèlent une traduction littérale inappropriée ; (c) quelques rares fautes de français ou contresens.

La première catégorie pose des questions sémantiques et techniques qu'il me semble important de porter à la connaissance de l'auteur pour que celui-ci soit conscient du message véhiculé en français. La deuxième catégorie, sans pour autant relever des erreurs de langage, laisse entrevoir des imprécisions qui peuvent nuire à la compréhension du texte. La troisième catégorie, enfin, porte sur des erreurs de langage objectives. L'ensemble de ces imprécisions entrave de manière la fluidité de la lecture mais, plus important, peuvent faire obstacle à la transmission des thèses, des positions et des propositions apportées par l'auteur.

Pour des raisons pratiques, je ne reviendrai pas ici en détail sur l'ensemble des termes /

tournures qui m'ont semblé approximatives et m'attarderai exclusivement sur les éléments qu'il me semblent **essentiels de préciser pour préserver l'intégrité du texte initial.**

Toutefois, et pour les besoins de la publication, j'ai procédé à l'annotation de l'Ouvrage en version pdf en catégorisant mes suggestions selon la typologie (a), (b) ou (c) définie ci-avant. Vous pourrez ainsi vous y référer à partir du pdf ci-joint (à partir de la page 61).

Suggestions en termes de jargon académique, juridique et politique

"Droits de l'homme" : le fait de ne pas utiliser de majuscule à *"homme"* implique que l'auteur fait exclusivement références aux droits des personnes de *sexe masculin*. En outre, l'usage générique du masculin ("droits de l'Homme" avec majuscule) pour désigner les droits fondamentaux de toute personne humaine est décrié par les défenseurs d'une écriture inclusive comme étant sexiste. C'est précisément en raison de cette nuance sémantique que de nombreux universitaires, militants et politiques français sont désormais favorables à l'usage du terme *"droits humains"*[292]. Pour la parfaite information de l'auteur, l'usage du terme "droits humains"

[292]Géraldine Franck, Manifeste "Droits humains pour toustes", Libertalia, 2020 ; Article de TV5 Monde, 10 juin 2020 : https://information.tv5monde.com/terriennes/manifeste

est également préconisée par des instances institutionnelles telles que le Haut Conseil à l'Egalité de la République française[293].

"Legal reforms" : le terme anglais "legal" a trois équivalents en français : légal, juridique et judiciaire. Le premier terme détermine de manière restrictive ce qui est conforme à la loi. Le deuxième définit de manière inclusive tout ce qui se rapporte au droit. Le troisième fait référence à la justice et à son système judiciaire (le fonctionnement des tribunaux, la manière dont les cas sont tranchés, l'organisation des pouvoirs entre les acteurs de la justice etc). Une réforme est légale si elle est conforme à la loi ; une réforme est juridique si elle se place sur le terrain du droit ; enfin, une réforme est judiciaire si elle touche le système judiciaire. Compte tenu des définitions énoncées ci-avant, il apparaît donc pertinent d'employer le terme "judiciaire" pour traduire fidèlement la teneur des réformes proposées par l'auteur de l'Ouvrage.

---

[293]Le Haut Conseil à l'Egalité entre les hommes et les femmes (instance consultative indépendante française placée sous l'égide du Premier ministre) préconise l'usage du terme "droits humains" plutôt que "droits de l'Homme" dans son article *"Droits humains" vs "Droits de l'Homme" : en finir avec une logique linguistique discriminatoire*", 10 décembre 2018, https://haut-conseil-egalite.gouv.fr/parite/actualites/article/droits-humains ;

"**Legal reforms**" : le terme anglais "*legal*" a trois équivalents en français : légal, juridique et judiciaire. Le premier terme détermine de manière restrictive ce qui est conforme à la loi. Le deuxième définit de manière inclusive tout ce qui se rapporte au droit. Le troisième fait référence à la justice et à son système judiciaire (le fonctionnement des tribunaux, la manière dont les cas sont tranchés, l'organisation des pouvoirs entre les acteurs de la justice etc). Une réforme est légale si elle est conforme à la loi ; une réforme est juridique si elle se place sur le terrain du droit ; enfin, une réforme est judiciaire si elle touche le système judiciaire. Compte tenu des définitions énoncées ci-avant, il apparaît donc pertinent d'employer le terme "judiciaire" pour traduire fidèlement la teneur des réformes proposées par l'auteur de l'Ouvrage.

"**Research Question**" [294]: le terme académique consacré en français dans tous les champs d'étude pour désigner le problème auquel une étude cherche à répondre est "la problématique" et non la "question de recherche".

"**Juvenile records**" : la réflexion autour de la protection des données personnelles et notamment du passé carcéral des mineurs renvoie à la question de la confidentialité

[294]Plan de l'Ouvrage, p. 3

des "*casiers judiciaires*". Il pourrait donc être pertinent de traduire précisément "*record*" par "*casier judiciaire*" de manière générale, sauf lorsque le terme "*record*" est utilisé de manière générique.

"**Status offences**" : ce type d'infraction n'existe pas en droit civil. Le *terme "délit d'état"*[295] ne fait, au mieux, référence à aucune notion consacrée en droit français. Au pire, cette expression renvoie à la notion de "*crime d'Etat*", c'est à dire une infraction commise par un représentant de l'autorité publique. Le meilleur moyen de traduire fidèlement "*status offense*" serait donc d'employer une périphrase telle que "*infractions relatives au statut des mineurs*".

"**Juvenile Delinquency Referrals**" : le terme anglais "*referral*" fait référence en droit au renvoi d'une personne devant une juridiction compétente. En conséquence, "*Juvenile Delinquency Referrals*", transposé au système juridique français, fait précisément référence au "*renvoi de jeunes délinquants devant des juridictions pour mineurs compétentes*".

"**Besoins sanitaires**"[296]: le terme sanitaire renvoie à des politiques publiques et à l'hygiène (ex: des mesures *sanitaires* mises en place

[295]Ouvrage (version française) p.8 et 52.

[296] Ouvrage (version française) p.2.

durant une pandémie), tandis que le terme "*médical*" renvoie de manière générique à tout ce qui relève de la médecine et à l'accès aux soins (ex : les besoins médicaux des individus). Le terme "*besoins médicaux*" semble donc a priori plus adapté lorsque l'auteur fait référence, en préface, au besoin d'accès aux soins des personnes marginalisées.

"**judicial opinion**"[297] : en droit civil, conformément au strict respect de la séparation des pouvoirs, les juges ne sont que "*la bouche de la loi*". En conséquence, contrairement aux juges de la *common law*, les juges issus de la *civil law* ne donnent pas d'opinion ; ils appliquent simplement la loi codifiée aux faits, créant ainsi la jurisprudence. Une traduction littérale de "*judicial opinion*" ("*opinion judiciaire*" ou "*avis judiciaire*") peut donc sembler contradictoire voire incohérente d'un point de vue civiliste. En conséquence, il peut être judicieux de traduire "*judicial opinion*" par jurisprudence, qui fait référence à toute décision émanant d'un juge de manière générale.

"**Contrôle correctionnel**" : ce terme, bien qu'évocateur, n'existe pas en droit français. Le terme technique précis est "*contrôle judiciaire*". Cela renvoie à l'ensemble des mesures privatives de liberté auxquelles

---

[297] Ouvrage (version française) p.11.

peuvent être soumises des personnes faisant l'objet d'une enquête, dans l'attente de leur procès ou condamnée à de la prison avec sursis.

"Federal law / State law" *:* la distinction entre loi fédérale et loi des États fédéraux n'existe pas dans le système centralisé français. L'on pourrait être tenté de traduire "*State law*" par "*loi de l'Etat*", mais cela porterait à confusion dans la mesure où cela serait compris par un lecteur provenant d'un système centralisé comme "loi de l'Etat central". Il convient donc de bien distinguer la "*loi fédérale" de la "loi des Etats fédéraux*".

3. *La définition et l'usage des termes "(in)validité" et "handicap"*

La partie relative à la définition de la validité l'invalidité et le handicap[298] peut porter à confusion pour un lecteur n'ayant pas accès à la version anglaise. L'auteur prend en effet soin, dans la version anglaise, de définir et distinguer précisément chaque terme pour ensuite les utiliser selon le contexte donné Or, la traduction française semble utiliser ces deux termes indifféremment sans respecter la typologie établie par l'auteur, ce qui peut faire obstacle à la compréhension des arguments de l'auteur.

---

[298] Ouvrage (version française) p.16-17

Rapport d'évaluation par les pairs de l'avocate Natalia Benlloch (alias : Natalia Benlloch Moya)

Je me présente comme l'auteure de ce commentaire suite à la lecture anonyme de ce texte. Je m'appelle Natalia Benlloch, je suis une juriste spécialisée dans les droits de l'homme, je suis diplômée en droit de l'université de Valence (Espagne) et titulaire d'un LLM en droit international et droits de l'homme de l'université de Maastricht (Pays-Bas). Ma participation à la Summer School in International Human Rights à l'Institut universitaire européen (IUE) de Florence, a ensuite complété mon parcours. J'y ai en effet reçu une formation en droit international humanitaire du Comité international de la Croix-Rouge. J'ai également suivi des cours isolés du Master en droit international de l'Université libre de Bruxelles (ULB). En tant que professionnelle, j'ai travaillé pendant des années dans des cabinets d'avocats à Valence (Espagne) et j'ai effectué un stage dans une ONG à Bruxelles. Sans aucun doute, l'expérience dans laquelle je me suis le plus développée professionnellement a été chez Latham & Watkins LLP, où mon travail s'est concentré sur les opportunités Pro Bono et les procédures de fusions et acquisitions devant la Commission européenne.

Je me trouve actuellement en Amérique du Sud, où je collabore auprès d'organisations humanitaires. Je travaille d'ailleurs en ce moment aux côtés d'une fondation qui soutient les femmes victimes d'exploitation sexuelle dans la ville d'El Alto en Bolivie.

i. Introduction

Le livre sur l'injustice étymologique expose avec brio et sensibilité les problèmes rencontrés par les jeunes afro-américains et les jeunes défavorisés sur le plan socio- physiologique dans le système carcéral américain et les problèmes de leur réinsertion. L'auteur révèle un système américain discriminatoire et incohérent qui ne parvient manifestement pas à offrir une protection et des droits fondamentaux à ces groupes de jeunes. Dans l'ensemble, la contribution au sujet et le travail de collecte de données, sur la base desquels l'auteur développe ses arguments, sont uniques et solides. L'article traite de questions qui ne sont pas suffisamment abordées aujourd'hui d'une manière très originale en combinant son expérience personnelle et son profil académique. Les deux versions, en anglais et en français, ont un profil académique élevé et font l'objet de recherches méticuleuses. C'est pourquoi je plaiderai en faveur de la publication de la version actuelle tout au long de mon analyse.

L'organisation de mon article suit la même structure que l'article. Ci-dessous, je présente et défends mes arguments en faveur de cet ouvrage en soulignant les points forts de chaque section. Je fournirai également quelques suggestions à l'auteur pour renforcer certaines parties de son travail.

ii. Introduction au manuscrit

Cette introduction témoigne de l'approche humaine profonde dont l'auteur fait preuve tout au long de son ouvrage. Cela se reflète dans la relation originale qu'il propose entre l'expérience carcérale de Nelson Mandela et le système carcéral américain.

Ma seule suggestion serait de guider le lecteur avec un résumé du manuscrit, dans lequel l'auteur détaille les thèmes qu'il abordera tout au long de son travail.

iii. Méthodologie

Tout au long de cette section, l'auteur fait un excellent travail pour souligner l'importance de cette étude et la gravité de la situation pour les jeunes afro- américains et les personnes souffrant d'une condition socio-physiologique qui ont été en prison.

En tant que juriste, j'aurais apprécié une vision différente de l'analyse doctrinale, mais je comprends et apprécie le point de vue de l'auteur concernant le manque de protection de la loi en ne prenant pas en compte le contexte social de certaines situations.

iv. Analyse documentaire

Cette section a un rôle très important dans ce travail, car elle permet au lecteur de se familiariser avec les concepts essentiels et controversés de "handicap" et de "noir". Le lecteur peut apprécier entre les lignes la passion et l'intérêt sincère de l'auteur.

J'aurais aimé en savoir plus sur le débat concernant l'utilisation inappropriée des termes "noir" et "afro-américain" aux États-Unis. Bien que je comprenne également qu'il s'agit de débats qui n'ont pas encore été ouverts et qui devraient l'être dans un avenir proche.

Cependant, je suggère que ces termes ne soient pas traduits dans la version française afin de garantir la logique des arguments de l'auteur.

v. Contexte

Les compétences de l'auteur en matière de recherche sont certainement mises en évidence dans cette section. De manière très directe et concise, le lecteur est témoin des conséquences d'un système carcéral faible et manquant de ressources aux États-Unis. Des chiffres alarmants sur les hommes noirs en prison sont fournis et les facteurs qui conduisent les jeunes hommes à être incarcérés sont expliqués de manière concise. L'auteur remet incontestablement en question un système qui reste raciste et injuste à l'égard d'un groupe de jeunes qui a besoin de stabilité, de soins et de soutien de la part de l'État.

Les deux études de cas que l'auteur présente dans le contexte de son expérience personnelle constituent le point central de cette section. Elles montrent les conséquences tragiques de cette défaillance systémique. J'ai trouvé que c'était une très bonne contribution au travail de l'auteur, mais on remarque que l'auteur change de registre d'écriture dans les deux études de cas. Il passe d'un registre formel et académique au registre descriptif d'un roman, ce qui est également perceptible dans la version française.

vi. Obstacles à la Réintégration

Cette section met à nouveau en évidence le travail de recherche méticuleux de l'auteur. Elle explore et met en évidence les défaillances systémiques qui entravent la réintégration dans la société des jeunes ayant des problèmes socio-physiologiques et afro-américains. Il donne un aperçu de la réalité à laquelle sont confrontés ces jeunes à leur sortie de prison. La section met l'accent sur la difficulté, voire l'impossibilité, pour ces jeunes de recevoir une éducation et sur les contraintes qu'ils rencontrent en raison des obstacles administratifs.

J'ai trouvé absolument avant-gardiste la vision de l'auteur sur les difficultés rencontrées par les jeunes afro-américains à renouer avec leur culture et à trouver un sentiment d'appartenance. J'ai trouvé très intéressante la façon dont l'auteur dénonce la mode afro-américaine dominante aux États-Unis, qui ne provient pas d'un véritable intérêt pour la culture et l'histoire, mais qui est plutôt perçue comme une mode superficielle.

Je ne doute pas que le lecteur serait intéressé d'en savoir plus sur les conséquences d'une incarcération antérieure des parents sur la santé mentale des jeunes. Ce sujet me semble absolument important et n'a pas encore été suffisamment exploré.

vii. Les Solutions

Les solutions proposées par l'auteur sont clairement influencées par son expérience personnelle au sein de l'organisation Access Living. Cette expérience lui a certainement donné une vision très pragmatique des causes profondes des problèmes rencontrés par les jeunes. Cette compréhension claire du problème se reflète dans l'ensemble de son travail et en rehausse clairement la qualité. Par exemple, j'ai trouvé très original que certaines de ses solutions s'inspirent de mouvements artistiques français.

viii. Faciliter la Transition des Jeunes par des Réformes Juridiques

Les réformes juridiques proposées par l'auteur sont très pertinentes d'un point de vue juridique. La section est consacrée à la dénonciation de l'inefficacité de la loi à protéger ce groupe de jeunes. La liste des réformes juridiques proposées repose sur une approche très logique et engagée de la part de l'auteur. Elles visent à contrecarrer et à renforcer les domaines du droit qui n'ont pas encore de mécanisme de mise en œuvre et qui souffrent de lacunes juridiques.

ix. Conclusion

L'auteur a répondu de manière très approfondie aux questions soulevées dans l'introduction. C'est pourquoi la conclusion doit s'attacher à résumer les arguments que l'auteur a avancés au cours de son travail, en évitant d'introduire de nouvelles informations. Pour que la qualité de la conclusion soit à la hauteur du reste du travail, on pourrait introduire un dernier argument fort qui laisse au lecteur l'impression que la lecture de ce manuscrit a certainement valu la peine.

En conclusion, l'auteur a apporté une nouvelle perspective et un travail de recherche très approfondi qui apporte une grande contribution au sujet. C'est pourquoi je pense que ce manuscrit devrait être publié, dans l'espoir que davantage de personnes prennent conscience de cette réalité.

Cette page a été volontairement laissée vierge

REMERCIEMENTS

Concernant ce livre, ainsi qu'au-delà, je tiens à remercier les personnes suivantes :

Sheila Bedi, JD,

Peter Cannavo, PhD,

Monica Llorente, JD,

J. Samuel Tenenbaum, JD, et

Nigel Westmaas, PhD.

Cette page a été volontairement laissée vierge

À PROPOS DE L'AUTEUR

Woodger Faugas, JD, Esq., est chercheur et avocat agréé. Il a fréquenté la Northwestern University Pritzker School of Law et en a obtenu un diplôme de Juris Doctor, avec mention en recherche juridique avancée. Il a également obtenu un baccalauréat ès arts en politique mondiale du Hamilton College, avec les distinctions magna cum laude et Phi Beta Kappa. Après avoir travaillé dans les domaines du droit, de l'éducation et de la gestion, Woodger poursuit actuellement des études de doctorat en médecine (MD) à la faculté de médecine de l'Université de Californie à San Francisco (UCSF).

www.ingramcontent.com/pod-product-compliance
Lightning Source LLC
LaVergne TN
LVHW020203061026
849530LV00020B/110/J
9798987556627